国家民委人文社科重点研究基地——少数民族教育
发展研究基地建设基金资助

大学生资助政策执行效果评估研究

王世忠◎著

中国社会科学出版社

图书在版编目(CIP)数据

大学生资助政策执行效果评估研究／王世忠著.—北京：中国社会科学出版社，2014.12
ISBN 978-7-5161-5439-7

Ⅰ.①大… Ⅱ.①王… Ⅲ.①高等学校—助学金—教育政策—研究—中国 Ⅳ.①G649.20

中国版本图书馆 CIP 数据核字(2014)第 310169 号

出 版 人	赵剑英
责任编辑	凌金良
责任校对	朱妍洁
责任印制	张雪娇

出　　版	中国社会科学出版社
社　　址	北京鼓楼西大街甲 158 号
邮　　编	100720
网　　址	http://www.csspw.cn
发 行 部	010-84083685
门 市 部	010-84029450
经　　销	新华书店及其他书店
印　　刷	北京君升印刷有限公司
装　　订	廊坊市广阳区广增装订厂
版　　次	2014 年 12 月第 1 版
印　　次	2014 年 12 月第 1 次印刷
开　　本	880×1230　1/32
印　　张	6.875
插　　页	2
字　　数	200 千字
定　　价	29.00 元

凡购买中国社会科学出版社图书，如有质量问题请与本社联系调换
电话：010-84083683
版权所有　侵权必究

前　言

　　大学生资助政策执行效果评估反映着我国大学生财政资助政策体系的公平性，也是对世界范围内高等教育日益下降的可负担性的回应。在大学生资助政策执行过程中，无论是以"能力"为基础的奖学金激励政策还是以"需求"为导向的助学金激励政策，其内在分配机制和资助效果关涉高等教育财政资助的充足性和可获得性。因此，大学生资助政策执行效果问题业已引起学术界、政府乃至全社会的广泛关注。

　　高等教育财政领域面临的问题与挑战使得开展民族院校大学生资助政策执行效果评估的研究具有特殊意义。教育公平的研究无疑是我国高等教育领域的焦点，而资助政策执行问题既是实践中的热点又是高等教育财政领域的前沿研究课题，民族院校是我国高等教育体系中的重要组成部分，是一种特殊的办学组织形态，三者的结合将为深化我国大学生资助政策研究、促进高等教育公平、校验资助政策执行在民族院校运行过程的瞄准机制提供新探索。尽管国家对民族院校的投入并不比同批次非民族院校少，单从生均经费一项来看，甚至优于其他非民族院校，但无论是从学校办学历史积累、生源质量、学费状况，还是从资助来源来看，民族院校承担的办学与人才培养的隐性成本要高于非民族院校；而且民族院校在招生与培养等方面更需要进行政治因素的考量，因此开展民族院校学生资助政策的研究尤为迫切。基于此，本书以对多民族聚集的本科院校的本科学生为研究对象。具体而言，一是总体层面将关注总体上（包括有资助需求者和无资助需求者）各类资助的额度、覆盖比例和对支出的覆盖程度等，从宏观上反映出资助政策的情况；二是有资助需求者层面——将关注点集中到国家资助服务的主要对象——有资助需求的学生身上，分析各类资助在有资助需求者和无资助需求者之间的分配额度、获得的比例及支出的覆盖程度、学生对资助政策的知晓度、获取机会、满意度，以及资助政策对学生学业的影响等方面对资助政策执行效果进行评估，并结合评估结果对资助的政策含义进行解释。其主要研究特点表现在如下几个方面：

（1）理论性。目前，国内比较缺乏应用计量分析的方法专门探讨某一类型民族院校大学生资助政策执行效果评估方面的研究成果。这对于民族高等教育的改革与发展，扩大少数民族参与高等教育的机会无疑是不利的，亟须学界进行相关研究以改变这种状况。本研究以教育公平理论为研究基础，期望通过对H民族大学大学生资助政策执行效果评估，来丰富我国高等教育财政理论的内容，不断完善大学生资助政策体系。

（2）现实性。从宏观层面得出的数据显示，2010年我国少数民族在校本科生人数占全国在校本科生总人数的7.35%，总比虽然并不算太高，但它毕竟代表我国56个民族大家庭中的55个少数民族。这对于加强民族团结、改善民族关系、实现各民族共同发展，具有重大的现实意义。同时，民族院校为少数民族大学生聚集的特殊的办学组织形态，面对相对较重的学费负担，学生能否获得足够的资助来完成学业，非常值得关注。本研究采取"解剖麻雀"的方式，对H民族大学大学生资助政策执行效果进行了微观计量分析。期望能为国家相关决策部门制订科学分层资助的标准提供科学的实证依据，为民族院校相关部门的管理实践提供理论指导。

（3）方法论。本研究运用了二分变量逻辑回归模型、多分有序变量模型、经典多元线性回归模型等计量模型对资助政策执行效果评估进行了计量分析，且在分析资助政策对学生学业成绩影响时使用了鲁宾因果模型（Rubin Casual Model），并对计量分析的政策含义进行了讨论。从整体研究的把握上采用了多水平分析来控制同一院校内学生的组间差异。这为同类研究在方法论上提供了一个微观计量分析的研究视角。

本书由八章内容构成：第一章，导论。本章主要阐述了选题的缘由、研究背景、核心概念界定、研究的意义、研究的思路与方法，并对研究内容和章节作整体安排。第二章，相关理论与实证研究述评。本章首先阐明了教育公平理论的主要观点；其次是对国内外相关研究的经典文献进行梳理、归纳，并对其相关理论观点和研究方法进行了简明扼要的评论，为后续相关研究工作尤其是为本研究的开展在理论上指明了方向，在方法论上具有借鉴作用和启发性。第三章，研究设计、样本选择与数据获取。本章厘清了本研究的总体设计思路，构建了相关理论及逻辑分析框架，描述了被调查学生的总体特征，考察了样本的分布与选择状况，对 H 民族大学本科生的资助需求状况进行了初步评估；选择了资助政策知晓度、获得资助机会、资助政策满意度以及资助政策对受资助学生学业成绩的影响四个维度为一级指标体系，其下又设置若干个测量变量形成相应的二级指标体系，为第四至第七章的研究提出基本命题及相关具体假设奠定了一定的理论基础。

第四章，大学生对资助政策知晓度的计量分析。本章界定了资助政策知晓度的概念，提出了相关具体研究假设；根据本研究变量的特点和研究需要，本研究选择了多分有序变量模型；对 H 民族大学的大学生对资助政策的知晓度进行了计量分析，并对计量分析的主要结论和政策性含义进行了讨论。第五章，大学生获得资助机会的计量分析。本章界定了获得资助机会的概念，提出了相关具体研究假设；根据本研究变量的特点和研究需要，本研究选择了二分变量逻辑回归模型；对 H 民族大学的大学生获得资助机会进行了计量分析，并对计量分析的主要结论和政策性含义进行了讨论。第六章，大学生对资助政策满意度的计量分析，本章界定了资助政策满意度的概念，提出了相关具体研究假设；根据变量的特点和研究需要，本研究选择了多分有序模型；对 H 民族大学的大学生对资助政策满意度进行了计量分析，并对计量分析的主要结论和政策性含义进行了讨论。第七章，资助政策对受资助大学生学业影响的计量分析。本章界定了受资助大学生学业影响的概念，提出了相关具体研究假设；根据变量的特点和研究需要，采用了国际上通用的基于非实验数据评估办法，并通过抽样调查方法获得问卷数据和在相关管理部门提取管理数据，本研究选择了经典多元线性回归模型、二分变量逻辑回归模型、多分有序回归模型等。在分析资助政策对学生学业成绩影响时运用了鲁宾因果模型，并对计量分析的主要结论和政策性含义进行了讨论。第八章，结论。本章对上述第五至第七章所得到的实证研究结果进行了总归纳，并针对计量分析的结论和政策含义的解释，提出了相应的政策建议。同时，本章还概要介绍了本研究的主要贡献和局限性，并指出了进一步深化或拓展本研究所要努力的方向。

  本书的撰写过程中，得到许多人的帮助，参阅并借鉴了国内外有关文献资料,在此谨向原著作者表示诚挚的感谢。作者指导的研究生王明露参与了部分资料的收集、整理和校对工作。同时,本书得到了国家民委重点人文社科基地中南民族大学少数民族教育发展基地建设基金的资助;中国社会科学出版社编辑凌金良博士、校对朱妍洁女士为本书的文字润色、编辑成书付出了辛勤的劳动,在此深表谢意。

由于作者知识水平有限,研究尚不够深入,存在不少粗疏差错之处,敬祈读者给予批评指正。

作者于武昌南湖
2014 年 6 月 28 日

目 录

第一章 导 论 …………………………………… （1）
  引 言 ………………………………………… （1）
  第一节 研究问题概述 ………………………… （3）
    一 研究背景 ……………………………… （3）
    二 研究意义 ……………………………… （12）
    三 研究目的 ……………………………… （13）
    四 研究问题 ……………………………… （14）
  第二节 概念的界定 …………………………… （15）
    一 教育公平 ……………………………… （15）
    二 学费 …………………………………… （16）
    三 资助政策体系 ………………………… （16）
    四 资助政策执行 ………………………… （19）
  第三节 研究思路与方法 ……………………… （20）
    一 研究思路 ……………………………… （20）
    二 研究方法 ……………………………… （20）
  第四节 研究内容与章节安排 ………………… （22）

第二章 相关理论与实证研究述评 …………… （25）
  第一节 相关理论 ……………………………… （25）
  第二节 国内外实证研究述评 ………………… （26）

一　国外实证研究述评 …………………………………（26）
　　二　国内实证研究述评 …………………………………（29）
第三章　研究设计、样本选择与数据获取 …………………（41）
　第一节　研究设计 …………………………………………（41）
　　一　研究对象 ……………………………………………（41）
　　二　资助政策执行效果评估指标体系 …………………（41）
　　三　理论及逻辑分析框架 ………………………………（44）
　第二节　H民族大学资助政策执行概况和资助需求 ……（47）
　　一　H民族大学资助政策执行概况 ……………………（47）
　　二　H民族大学本科生的资助需求估计 ………………（50）
　　三　对H民族大学资助需求状况的讨论 ………………（54）
　第三节　样本的选择与数据来源 …………………………（56）
　　一　样本选择 ……………………………………………（56）
　　二　数据来源 ……………………………………………（56）
　第四节　信度和效度分析 …………………………………（58）
　　一　信度 …………………………………………………（58）
　　二　效度 …………………………………………………（58）
　第五节　样本的数据特征 …………………………………（59）
　　一　抽样学生基本特征与家庭社会经济背景 …………（59）
　　二　抽样学生所在学院、年级、专业特征 ……………（62）
　　三　抽样学生所在专业签约率与学业成绩
　　　　分布情况 ……………………………………………（63）
第四章　大学生对资助政策知晓度的计量分析 …………（65）
　第一节　概念界定：资助政策知晓度 ……………………（65）
　第二节　研究假设 …………………………………………（66）
　第三节　变量的选择 ………………………………………（67）

第四节　模型的设定 …………………………………（68）
　　第五节　回归分析结果 ………………………………（71）
　　第六节　主要结论和政策性含义 ……………………（81）
第五章　大学生获得资助机会的计量分析 ………………（84）
　　第一节　概念界定：获得资助机会 …………………（84）
　　第二节　研究假设 ……………………………………（85）
　　第三节　变量的选择 …………………………………（86）
　　第四节　模型的设定 …………………………………（87）
　　第五节　回归分析结果 ………………………………（88）
　　第六节　主要结论和政策性含义 ……………………（90）
第六章　大学生对资助政策满意度的计量分析 …………（92）
　　第一节　概念界定：资助政策满意度 ………………（92）
　　第二节　研究假设 ……………………………………（93）
　　第三节　变量的选择 …………………………………（94）
　　第四节　模型的设定 …………………………………（95）
　　第五节　回归分析结果 ………………………………（95）
　　第六节　主要结论和政策性含义 ……………………（102）
第七章　资助政策对受资助大学生学业影响的计量
　　　　　分析 ……………………………………………（104）
　　第一节　概念界定：受资助学生学业影响 …………（104）
　　第二节　研究假设 ……………………………………（105）
　　第三节　变量的选择 …………………………………（105）
　　第四节　模型的设定 …………………………………（107）
　　第五节　回归分析结果 ………………………………（112）
　　第六节　主要结论和政策性含义 ……………………（117）
第八章　结　论 ……………………………………………（119）

第一节　研究发现 …………………………………（119）
第二节　研究贡献 …………………………………（121）
第三节　实践含义 …………………………………（123）
第四节　研究局限 …………………………………（126）
附录1　调查问卷 ……………………………………（129）
附录2　相关研究成果 ………………………………（139）
参考文献 ………………………………………………（182）
后记 ……………………………………………………（205）

第一章 导 论

引 言

20世纪中后期以来,高等教育经费短缺已成为世界性的难题,大学面临着高等教育招生规模扩大而财政日益紧缩的局面(D.B.约翰斯通,2004;菲利普·G.阿特巴赫,2001)。在此背景下,许多国家采取了向学生及其家长收取学费的政策,这使得20世纪90年代世界范围内高等教育财政与管理改革呈现明显的相似性,主要表现在高等教育成本由一般的纳税人负担向学生及其父母、慈善家和大学服务购买者负担的转移(D.B.约翰斯通,1999)。但是,这一政策的实施可能会抑制低收入家庭子女的高等教育参与率,甚至造成高等教育领域内的不公平。为确保公民接受高等教育的公平性,许多国家建立起大学生资助政策体系。其中,"高收费+高资助"政策成为一些国家高等教育成本分担与成本补偿的政策选择。与此同时,高等教育财政资助的充足性和可获得性问题,已经引起了学术界、政府乃至全社会的广泛关注。

本研究试图对国家民族事务委员会直属的一所普通民族院校(以下简称H民族大学)本科生资助政策执行效果及其影响因素进行微观的计量分析,主要研究的问题包括:在H民族大学,大学生学生资助政策的执行效果如何？哪些个人因素会显著影响大学生对资助政策的知晓度、获取机会、满意度以及资助效果？从样本选择和计量方法两个层面，通过对 H 民族大学大学生资助政策执行效果的微观计量分析，拓展我国现有大学生资助政策的相关研究，为大学生资助政策在我国民族院校有效执行提供实证依据。所谓民族院校，广义上指我国民族自治地区的所有高等院校，狭义的概念是指以"民族"冠名的高等院校，后者依据国家有关民族政策，少数民族学生须占 60% 以上。在本研究的论述中，如无特别指定，一般采用后者的定义，且是普通本科院校。

  本研究之所以选取民族院校为个案，对其大学生资助政策执行状况进行研究，是因为现有的相关研究文献比较稀缺，而就读于此类院校的大学生往往是最需要得到资助的，且与落实国家的民族教育政策密切相关。在研究过程中，研究者采用了国家民委直属院校——H 民族大学在校本科生问卷调查数据和管理数据作为定量分析的基础，从 H 民族大学选择 2000 名学生作为样本，共发放问卷 2000 份，回收问卷 1800 份，得到有效问卷 1600 份，前后进行一次小范围的预调查和一次大规模的正式调查。同时从教务管理系统中提取了 799 名学生在 2008 年到 2011 年上半年（即依据大学校历跨自然年度的学年制，下文同）各科成绩，获得学生学业成绩方面的数据，为定量分析收集了第一手的主观评价数据和管理数据资料。同时，本研究针对不同数据类型特征，分别运用了二分变量逻辑回归模型、多分有序变量模型、经典多元线性回归模型和鲁宾因果模型（Rubin Causal Model）等方法，对该校大学生资助政策执行效果评估的四个维度，即资助政策知晓度、获得资助机会、资助政策满意度以及资助政策对受资助大学生学业成绩的影响等进行了计量分析，并对其政策含义进行了讨论。

第一节 研究问题概述

一 研究背景

我国自1999年高校扩招以来，高等教育开始跨入大众化阶段。随着我国少数民族教育政策的进一步完善与落实，在全国普通高中教育和高等教育阶段，少数民族学生的占比总体上呈现上升趋势。国家民族事务委员会直属的六所普通高等院校的本科生招生规模也在稳步扩大。与此同时，20世纪80年代中期以来的高等教育财政体制改革，特别是大学收费政策的实施使得学生资助问题日益受到社会各界的普遍关注，大学生资助政策的完善与否直接反映了高等教育大众化与教育公平能否得到统筹协调发展。与非民族院校相比，民族院校在办学类型、办学规模、办学层次、招生政策以及招录学生的经济、社会、文化背景等诸多方面存在较大的差异性，这就决定了在民族院校里大学生资助政策的执行与调整，更具有特殊性。因此，本研究选择我国民族院校本科生为研究对象，对大学生资助政策执行效果进行实证分析，有利于丰富我国高等教育财政理论的内容，不断完善大学生资助政策体系；有利于保障我国民族院校大学生受教育的权益，努力实现高等教育公平；有利于落实我国少数民族教育政策，具体指导民族院校大学生资助政策实践活动。

从宏观的角度来看，少数民族普通高中学生占全国普通高中生的比例呈现逐步上升趋势。数据显示：2003年少数民族普通高中在校生人数为128.13万人，占全国普通高中在校生的

6.52%，2010年少数民族普通高中在校生人数为183.34万人，增加55.21万人，占全国普通高中在校生的7.55%，增长1.03个百分点（如图1.1所示）。

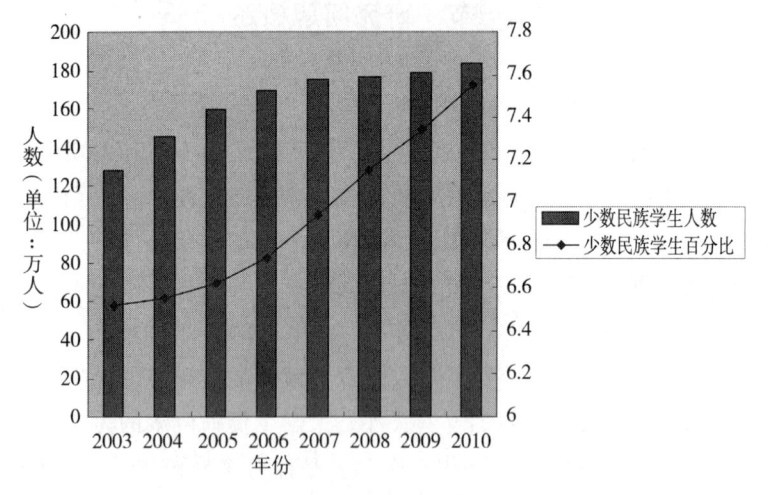

图1.1　2003—2010年少数民族普通高中在校生及其占全国普通高中在校生的百分比

数据来源：根据中华人民共和国教育部发展规划司《中国教育事业发展统计简况》(2004、2005、2006、2007、2008、2009、2010、2011）整理。

从全国普通高等院校少数民族在校本科生人数占比变化趋势来看：2004年全国普通高等院校在校本科生人数为737.84万人，2010年在校本科生人数达到1265.61万人，增加了527.77万人；其中，2004年少数民族在校本科生人数为46.32万人，2010年少数民族在校本科生人数约93万人，增加了46.68万人；2004年少数民族在校本科生人数占全国在校本科生总人数的6.28%，2010年少数民族在校本科生人数占全国在校本科生总人数的7.35%，大体呈上升趋势（如图1.2和图1.3所示）。

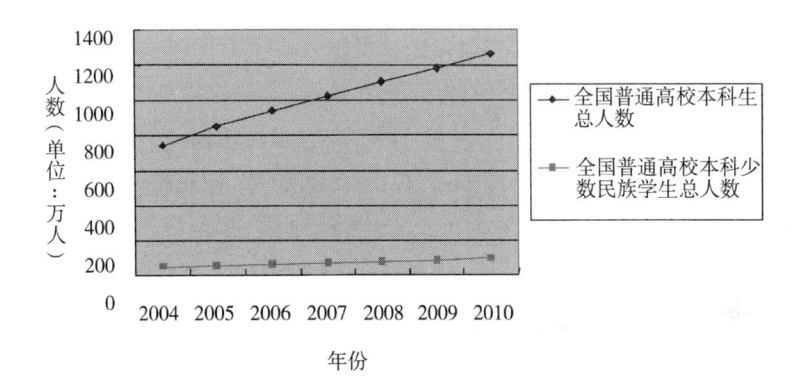

图 1.2 2004—2010 年全国普通高校本科生与少数民族本科生总人数

数据来源：根据中华人民共和国教育部发展规划司《中国教育事业发展统计简况》（2005、2006、2007、2008、2009、2010、2011）整理。

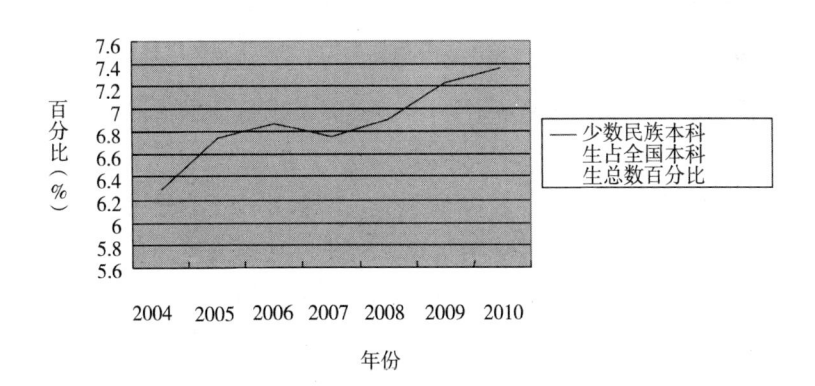

图 1.3 2004—2010 少数民族本科生占全国本科生总数百分比

数据来源：根据中华人民共和国教育部发展规划司《中国教育事业发展统计简况》（2005、2006、2007、2008、2009、2010、2011）整理。

我国高等教育跨入大众化阶段以后，少数民族大学生最为集中的高等院校——民族院校，其办学规模不断扩大，招生人数逐年增加。此现象体现了我国对少数民族的招生优惠政策。数据显示：国家民族事务委员会直属的六所普通本科院校 2003 年本科生招生人数为 1.7 万人，2010 年本科招生人数达到 2.78 万人，增加了 1.08 万人，呈上升趋势。如图 1.4 所示。

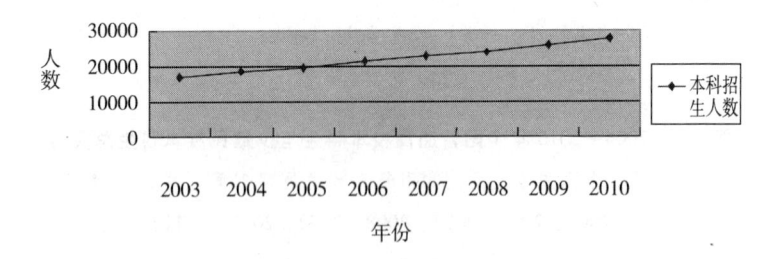

图 1.4 2003—2010 国家民委六所直属本科院校本科生招生总人数

数据来源：根据国家民族事务委员会教育科技司高教处提供资料整理。

另外，中国高等教育财政体制自 20 世纪 80 年代中期以来进行了一系列的改革，其中大学收费和学生贷款政策的实施，突破了"公费制"和"以人民助学金为主"的制度。1985 年，《中共中央关于教育体制改革的决定》指出，高等院校"可以在国家计划外招收少数自费生。学生应交纳一定数量的培养费"，同时指出，"要改革人民助学金制度……对学习成绩优异的学生实行奖学金制度，对确有经济困难的学生给以必要的补助"。1997 年，我国普通高等院校普遍实行了收取学费的制度，打破了本专科教育阶段公费生和自费生并存的局面（李文利，2008）。随之，我国就如何建立健全家庭经济困难学生资助政策体系，使家庭经济困难学生能够顺利入学并完成学业出台了一系列政策措施。当今，我国应如何进一步优化高等教育财政结构，促进教育公平，切实履行公共财政职能，不断总结和完善大学生资助政策体系，是高等教育财政政策研究关注的重要内容之一。

1999年，我国高等教育大规模扩招。一方面，高校扩招使得更多的人有更多的机会接受高等教育，但高等教育财政体制改革迫使这些学生在享有高等教育机会的同时，必须承担缴纳学费的重担。另一方面，由于历史、自然、经济、文化等多种因素的制约和影响，来自经济社会欠发达的西部地区、少数民族地区的大多数学生，因为受当地基础教育办学条件的限制，学业水平相对较低，较经济发达地区的学生而言，更难考入高等院校；即使他们考入了高等院校，可能会因为他们的家庭经济水平相对较低，学费和生活费用对这些学生来说也可能是一个较为沉重的负担。上述两个方面，前者导致了少数民族在校学生比例较汉族学生低。中华人民共和国国家统计局2010年第六次全国人口普查主要数据公报（第1号）的数据统计表明：大陆31个省、自治区、直辖市和现役军人的人口中，汉族人口为1225932641人，占91.51%；各少数民族人口为113792211人，占8.49%。同2000年第五次全国人口普查相比，汉族人口增加66537177人，增长5.74%；各少数民族人口增加7362627人，增长6.92%。因此，按照不同民族人口中本科生万人比测算，其中少数民族人口中本科生万人比为81.73；汉族人口中本科生万人比为95.65。不难看出，尽管普通高中和普通院校在校生中少数民族学生所占比例都呈上升趋势（其中有一部分原因归功于国家在高等教育招生中的少数民族优惠政策，如高考加分政策、录取批次的地区差异化政策等），但少数民族在校本科生所占的比例还低于少数民族在总人口中的比例。

我国作为一个拥有56个民族的多民族聚居，且区域经济、社会、文化发展水平极其不平衡的发展中国家，不同区域、不同类型、不同层次的高等院校、不同个人特征及家庭背景的学生对资助政策的需求有很大的差异性。从高等教育财政职能的角度看，少数民族学生能否上得起大学，上什么样的大学以及考上了大学又怎样顺利地完成学业等，关涉到实现我国民族高等教育政策目标的核心价值取向问题。

首先，从制度层面看，根据国家相关民族高等教育招生优惠政策的规定，民族院校须保证60%以上的入学名额提供给少数民族学生。且这一高等教育招生优惠政策存在一种不完全基于学习能力的"弱筛选"机制，从而导致就读于同一民族院校来自经济发达地区的学生，相对来自欠发达地区、少数民族地区的学生在学习能力方面存在较大的差异，甚至包括来自经济发达地区的少数民族学生，相对来自欠发达地区的少数民族学生在学习能力方面存在巨大的差异。因此，本书认为，对于我国具有独特制度设计的这一办学类型特征的民族院校而言，仅仅从"入学机会"和"选择性"方面来考量资助政策执行问题，还是远远不够的。因而我们除了重视高等教育的"入口"和"选择性"的关系问题，还应该关注那些已经考入大学的在校大学生，关注他们在参与高等教育的过程中，如何通过构建科学的资助政策资源分配机制，使得他们合理的资助需求能够公平地得到满足，从而顺利完成学业，进而不断积累自身人力资本。

其次，不同类型和不同层次的高等院校因主管部门、办学层次和人才培养服务范围不同，政府为其提供的大学生资助的财政补贴的多寡是有差异的。这是已有研究忽视的一个重要影响因素。显然，在我国的现实条件下，不同办学体制、不同办学类型、不同办学层次和不同地域的高等院校，其学费标准、生均经费、学生层次、学科专业性质和学校服务范围的不同，必然会影响到学生资助需求数量和资助政策的覆盖面，如图1.5所示。

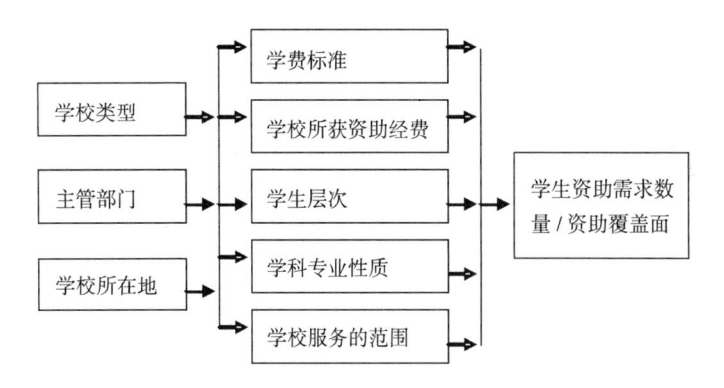

图1.5 学生资助需求数量和资助覆盖面的诸影响因素关系

再次，从资助政策的终极目标来看，世界各国的大学生资助政策，无论赠与型资助、贷予型资助，还是以工代赈型资助，不仅是为了提高高等教育财政的资源配置效率，进而促进教育公平，而且还能极大地促进社会公平与正义。尤其是我国作为经济社会发展极不均衡、人力资源总体质量相对较低的多民族聚居的发展中国家，如果忽略不同类型、不同层次、不同地域的高等院校的不同学生在大学生资助需求上的差异性，忽略入学后的在校大学生在参与高等教育过程中公平地获取资助的需要，那么，最终将会带来两个结果：一是很难达到优化资源配置，促进经济发展的目的，因为离开了不同民族、不同生源地、不同院校类型的不同层次学生的学业发展和人力资源质量的提高，就谈不上经济的协调发展。二是将会导致学生在参与高等教育过程中的过程不公平。以奖学金为例，由于我国基础教育阶段地区之间资源配置的非均衡性导致民族院校中少数民族学生的文化知识基础在入学前就存在很大差距，这样就必然会使这部分学生比较难获得奖学金。尽管近年来我国高校增加了励志奖学金，但奖优为主资助政策的作用仍然有限。据统计，至2010年底国家民委直属普通本科院校6所，全日制本专科生为103149人，其中，3.56%的学生获得了奖学金或国家励志奖学金，29.14%的学生获得了国家资助金。委属院校全日制本专科在校生中家庭经济困难学生的比例为36.86%，其中约87.25%的学生得到了国家奖助学金的资助。获得国家奖学金和国家励志奖学金的学生中，汉族学生占61.25%，少数民族学生占38.48%。获得国家助学金的学生中，汉族学生占48.39%，少数民族学生占51.61%。[①]

基于上述论述，本研究认为，在我国的现实公共教育财政约束条件下，理想的资助政策模型如图1.6所示。

尤其是我国作为区域经济社会发展极不均衡、人力资源总体质量相对较低的人口众多、多民族聚居的发展中国家，如果忽略不同类型、不同层次、不同地域的高等院校，不同学生个体特征在资助需求上的差异性，就可能因测量方法的不同，导致大学生资助政策研究结果的偏差。这主要是因为学生资助水平在不同类型的高校之间可以认为是相互独立的，但是在同一高校内部如学生所在学院、年级、专业等之间却不是独立的。如果未能对不同学院、年级、专业学生分类分层的数据加以统计上的控制，很可

---

① 数据来源：国家民委高教处提供的"2010年民委直属普通高校本科生资助经费汇总表"整理。

第一章 导 论

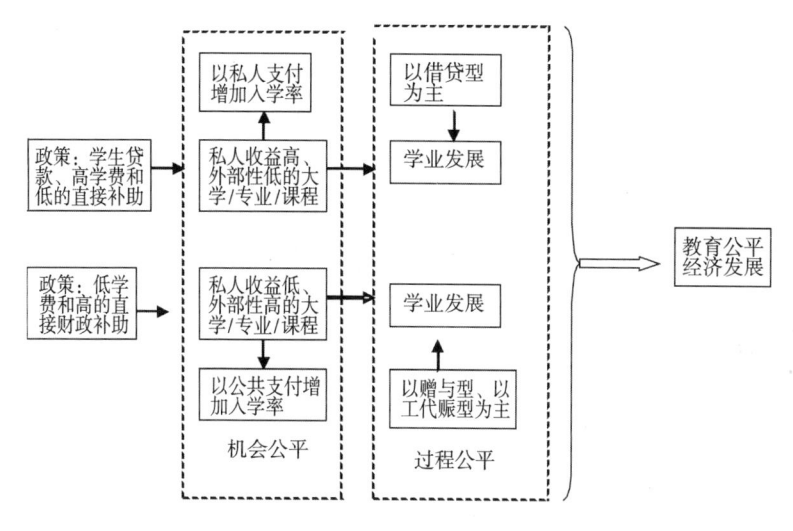

图 1.6　理想的资助政策模型

能会导致有偏差的和不一致的估计。

最后，从资助政策的内容和资助对象来看，如果忽略入学后的在校大学生在参与高等教育过程中公平地获得资助的需求，就可能导致资助政策执行在院校内部效率的缺乏。诸如单纯的"奖优"类型资助发放面较小，可能会导致来自经济较发达地区、基础教育水平较好的学生更容易获得资助，而来自欠发达地区、少数民族地区、基础教育水平较差的学生更难获得资助，即使从需求的角度来看，家庭经济贫困、学业基础水平较差的学生更应该获得资助；而"助困"类型的资助则面临资助额度的多少、贫困标准如何界定等问题。如果我们认为高等教育作为一种政府提供的准公共产品服务存在再分配意义的话，那么我们就有必要对现有资助政策的执行效果进行评估，以促使有限的高等教育财政资源配置效率更高，其公共服务水平更加趋于均等。

有鉴于此，对教育政策的决策者来说，为了更好地引导民族院校大学生参与高等教育过程，就必须了解和关注民族院校大学生对资助的需求状况及其发展趋势。本研究以民族院校为个案，较为系统、深入地研究了大学生资助政策执行效果，重点探讨以"能力"为基础的奖学金激励政策和以"需求"为导向的助学金激励政策的内在分配机制，可以为我国完善某一类型院校大学生资助政策提供科学的政策咨询，为民族院校的管理者有效调控大学生资助政策资源配置的实践活动提供理论支撑。

二 研究意义

高等教育财政领域面临的问题与挑战使得开展民族院校大学生资助政策执行效果评估的研究具有特殊意义。教育公平的研究无疑是我国高等教育领域的焦点，而资助政策执行问题既是实践中的热点又是高等教育财政领域的前沿研究课题，民族院校是我国高等教育体系中的重要组成部分，是一种特殊的办学组织形态，三者的结合将为深化大学生资助政策研究、促进高等教育公平、校验资助政策执行在民族院校运行过程的瞄准机制提供新探索。其意义具体表现在以下几个方面：

（1）理论意义。目前，国内比较缺乏运用计量分析的方法来专门探讨某一类型民族院校大学生资助政策执行效果评估方面的研究成果。这对于我国民族高等教育的改革与发展，扩大少数民族参与高等教育的机会无疑是不利的，亟须学界进行相关研究以改变这种状况。本研究以教育公平理论为研究基础，期望通过对H民族大学大学生资助政策执行效果评估，来丰富我国高等教育财政理论的内容，不断完善大学生资助政策体系。

（2）现实意义。从宏观层面得出的数据显示，2010年我国少数民族在校本科生人数占全国在校本科生总人数的7.35%，总比虽然不算太高，但它毕竟代表我国56个民族大家庭中的55个少数民族。这对于加强民族团结、改善民族关系、实现各民族共同发展，具有重大的现实意义。同时，民族院校为少数民族大学生聚集的特殊的办学组织形态，面对相对较重的学费负担，学生能否获得足够的资助来完成学业，非常值得关注。本研究采取"解剖麻雀"的方式，对H民族大学大学生资助政策执行效果进行了微观计量分析。期望能为国家相关决策部门制订科学分层资助的标准提供科学的实证依据，为民族院校相关部门的管理实践提供理论指导。

（3）方法论意义。本研究运用了二分变量逻辑回归模型、多分有序变量模型、经典多元线性回归模型等计量模型对资助政策执行效果评估进行了计量分析，且在分析资助政策对学生学业成绩影响时使用了鲁宾因果模型，并对计量分析的政策含义进行了讨论。从整体研究的把握上采用了多水平分析来控制同一院校内学生的组间差异。这为同类研究在方法论上提供了一个微观计量分析的研究视角。

三 研究目的

基于上述对大学生参与高等教育过程的认识，以及对民族院校大学生资助需求的差异性与资助政策执行的特殊性的讨论，本研究的主要目的是以H民族大学作为一个微观计量分析的研究单元，探讨大学生资助政策在民族院校的执行效果及其相应的影响因素。诸如在我国民族院校大学生对资助政策的知晓度、各类资助获得的可能性、学生如何评价各类资助政策以及资助政策对学生学业发展的影响如何，等等。这将有助于科学研判国家资助政策资源在民族院校内部的分配状况和资助效果，提高资助政策资源配置效率，促进高等教育公平，从而检验资助政策执行成效，确保资助政策目标的实现。

四 研究问题

当今，一些学者开始认识到单纯以结果为导向的政策效果评估模型的局限性，在教育政策执行过程中，人们开始关注政策运行状况与目标的达成度、组织情况、管理绩效、投入某项教育政策的资源分配状况及其执行效果。然而，迄今为止，国内有关资助政策执行效果的研究，仍然相对集中地关注贷予型资助政策实施效果和资助政策对学生学业成绩的影响两方面。例如有学者（李文利，2008）较为关注资助促进高等教育入学机会方面的研究，也有学者（杨钋，2009）研究发现大学生资助对个人学习行为、学业发展和成就存在影响等。与上述研究不同，本研究主要关注的是"赠与型"和"以工代赈型"资助政策执行过程中资源分配状况及其效果，以 H 民族大学为个案，采用微观计量分析的方法，进行"解剖麻雀"，来考察资助政策执行是否有效地瞄准了应该得到资助的大学生。

大多数学者用"目标效率"[①]来作为评价资助项目的标准，在本研究中资助政策绩效评估的瞄准机制不仅把目标效率作为反映公平的标准，而且还有更为重要的相关因素为标

---

① 目标效率标准首先由 Weisbrod（1969）提出，请参见 Barth, Carcogno, and Palmer（1974），引自 Irwin Garfinkel, Robert H. Havenman, *Earnings Capacity, Poverty, and Inequality*, London, Aademic Press, INC. LTD, 1977, pp. 61 – 62。

准，比如资助项目的管理成本，资助项目的财政"充足性""公平性"，受资助主体的主观态度和满意度，对学生学习能力和促进学业发展的激励机制的效果，选择性自由的效果和获取资助过程中受益人的尊严等。在本研究中，我们可以从这些因素中抽象出相关指标，基于多层次选取的各类因素对资助政策执行效果进行评估，并探讨这些因素对资助政策受资助主体基本需求与主观认知、感受与其所能涉及的任务目标相统一的结果是否存在影响。具体包括：假如学生个人特征、家庭社会经济背景、所需支付的学费标准、年级、生源地、专业就业前景等因素在民族院校对大学生资助政策执行的资源分配（主要通过该类院校大学生政策知晓度和资助获取机会来衡量）与资助效果（主要通过该类院校大学生满意度和学业成绩来衡量）存在显著影响，那么上述因素如何解释关于民族院校大学生资助政策的资源分配和资助效果的影响因素及其内在机理？进一步而言，这一内在机理对大学生资助政策的调整与完善，对校验大学生资助政策执行的瞄准机制有何启示？

第二节 概念的界定

一 教育公平

综述有关教育公平理论的研究观点，有些学者认为教育公平包括教育权利公平、教育机会公平，而更多的学者则强调从动态的过程来理解教育公平的内涵，即教育公平包括教育起点公平、教育过程公平和教育结果公平。

本研究使用的教育公平的概念偏重于教育经济学的范

畴，即教育资源配置的公平，是指教育资源的分配以"机会均等"为准则，保证每个参与资源分配的个体占有均等的教育资源的机会。也就是说，教育资源配置的方式应能保证各学校或各受教育者在相同的条件下拥有获得等量资源的机会。

二 学费

学费（tuition）是指受教育者向学校或教育举办者（单位或个人）交纳的培养费。① 借鉴王善迈先生的研究观点，本研究认为"高等教育学费"是指高等教育服务的价格。② 与其他商品不同的是，学费不完全由市场供求形成和调节，而且受到政府的严格管制。高等教育服务属于准公共产品，政府与消费者（受教育者）应共同分担其成本，受教育者直接负担的形式就是学费，学费的收取就其性质来说应属于准公共产品的收费。

三 资助政策体系

目前，我国在普通高校建立了以国家财政投入为主，国家奖学金、国家励志奖学金、国家助学金、国家助学贷款、学费补偿和国家助学贷款代偿、师范生免费教育、勤工助学等多种形式并举的资助政策体系。③ 具体包括：

国家奖学金。由中央财政出资设立，奖励特别优秀的二年

---

① 《教育大辞典》第6分册，上海教育出版社1992年版。
② 王善迈：《论高等教育学费》，《北京师范大学学报》（社科版）2000年第6期。
③ 资料来源：http://www.xszz.cee.edu.cn。

级以上（含二年级）的全日制普通高校本专科（含高职、第二学士学位）在校生。每年奖励5万名学生，每生每年8000元。

国家励志奖学金。由中央和地方财政共同出资设立，奖励资助品学兼优、家庭经济困难的二年级以上（含二年级）全日制普通高校本专科（含高职、第二学士学位）在校生。资助面平均约占在校生总数的3%，每生每年5000元。

国家助学金。由中央与地方财政共同出资设立，主要资助家庭经济困难的全日制普通高校本专科（含高职、第二学士学位）在校生的生活费用开支。资助面约占在校生总数的20%，平均每生每年2000元。按照《国家中长期教育改革和发展规划纲要（2010—2020年）》（下称《教育规划纲要》）关于"根据经济发展水平和财力状况，建立国家奖助学金标准动态调整机制"的要求，2010年9月，财政部、教育部下发通知，决定从2010年秋季学期开始，将普通本科高校国家助学金平均资助标准从每生每年2000元提高到3000元，幅度达50%。

国家助学贷款。国家助学贷款属信用贷款。家庭经济困难的全日制普通高校本专科生（含高职生）、第二学士学位学生和研究生，可以申请国家助学贷款，原则上每生每学年最高申请金额不超过6000元。国家助学贷款利率按照中国人民银行公布的法定贷款利率和国家有关利率政策执行。贷款学生在校学习期间的国家助学贷款利息全部由财政补贴，毕业后的利息由贷款学生本人支付。按照办理贷款的地点划分，国家助学贷款分为两种形式：一种是高校国家助学贷款，家庭经济困难学生可以通过学校向经办银行申请国家助学贷款；另一种是生源地信用助学贷款，家庭经济困难学生及其合法监护人，向家庭所在地学生资助管理中心或金融机构申请办理。

学费补偿和国家助学贷款代偿。从 2009 年起，对中央部门所属全日制普通高校应届毕业生，自愿到中西部地区和艰苦边远地区县以下基层单位工作、服务 3 年以上（含 3 年）的，实施相应的学费补偿和国家助学贷款代偿。补偿或代偿的标准每学年不超过 6000 元，3 年补偿或代偿完毕。同时，对应征入伍服义务兵役的高校毕业生实施学费补偿和国家助学贷款代偿。补偿或代偿标准每学年不超过 6000 元，一次性补偿或代偿完毕。从 2011 年秋季学期起，对应征入伍服义务兵役的高校在校生实施在校期间学费补偿、国家助学贷款代偿及退役复学后学费资助。补偿、代偿或学费资助标准每学年不超过 6000 元。

师范生免费教育。从 2007 年秋季入学的新生起，在六所教育部部属师范大学实行师范生免费教育。免费教育师范生在校学习期间免除学费，免缴住宿费，并补助生活费。

勤工助学。学生在学校的组织下利用课余时间，通过自己的劳动取得合法报酬，用于改善学习和生活条件。

学费减免。对公办全日制普通高校中家庭经济特别困难、无法缴纳学费的学生，特别是其中的孤残学生、少数民族学生及烈士子女、优抚家庭子女等，实行减免学费政策。具体减免办法由学校制定。

"绿色通道"。全日制普通高校对被录取入学，家庭经济困难、无法缴纳学费的新生，一律先办理入学手续，然后再根据核实后的情况，分别采取不同办法予以资助。

其他措施。高校从事业收入中足额提取 4%—6% 的经费，用于校内各项资助措施的开支。高校利用自有资金、社会组织和个人捐赠资金等,设立奖学金、助学金;对发生临时困难的学生发放特殊困难补助等。

2010年,国家奖助学金共奖励资助全国高校学生499万人次。国家助学贷款新增贷款人数113.84万人,全国高校学生获贷平均比例达到13.5%。全国普通高校共有36157名毕业生应征入伍服义务兵役获得学费补偿贷款代偿,补偿和代偿金额达5.55亿元;中央部门高校共有10650名毕业生基层就业获得学费补偿贷款代偿,补偿和代偿金额达6524万元,取得历史性突破。教育部直属六所师范高校师范生免费与补助4.54万人,资助金额达5.28亿元。[①]

四 资助政策执行

政策执行研究肇始于20世纪60—70年代,国外学者或者将政策执行界定为"一种过程"(斯图亚特·S.那格尔,1990),或者界定为"将一种政策付诸实施的各种活动"(R. F. Elore, 1978)。国内学者(袁振国,2001;王世忠,2001)借鉴了这些成果,把教育政策执行视为:"将教育政策方案内容转变为教育政策现实的过程。"政策执行的主要功能表现在:一是确保政策目标的实现,任何政策最终都必须通过政策执行过程才能实现政策目标;二是检验政策成效,从一定意义上说,政策执行是过程和结果的统一;三是政策执行的反馈功能,即为后继政策制定提供重要依据。

根据上述研究文献,所谓大学生资助政策执行,是指大学生资助政策执行者按照既定的政策方案,整合各种政策资源,在一定时期内为实现教育公平的政策目标,把资助政策所规定的内容

---

① 资料来源:教育部内部资料。

转化为有效现实成果的双向互动过程。

第三节　研究思路与方法

一　研究思路

在高等教育大众化的当下，作为高等教育财政资源重要分配途径之一的资助政策的影响力逐渐增强，与此相联系，资助政策评估的重要性也日益突出。作为一种对资助政策的效益、效率和价值进行综合判断与评价的政策行为，资助政策评估不仅是考量政策延续、改进和终止的重要依据，而且还决定着政策制定者和政策执行者的工作质量和价值导向，并最终影响着资助资源的优化配置方向。因此，本研究针对当前资助政策评估领域存在的理论体系薄弱和研究方法滞后等问题，基于对教育公平理论的理解和我国资助政策体系的现实特点，试图从"大学生对资助政策知晓度、获得资助机会、资助政策满意度以及资助政策对受资助大学生学业成绩影响"四个维度，对H民族大学资助政策执行效果进行实证分析，探讨在民族院校中大学生资助政策资源的科学瞄准机制和公平分配机制。

本研究的技术线路，如图1.7所示。

二　研究方法

本研究方法主要采取理论与实证研究相结合的方式，在文献评论的基础上，提出本研究假设和理论模型，然后通过实证调查，运用相关模型方法来检验理论假设的合理性，并对其政策含义做出相应的解释。

（1）理论分析。资助政策执行效果评估是有系统地应用各

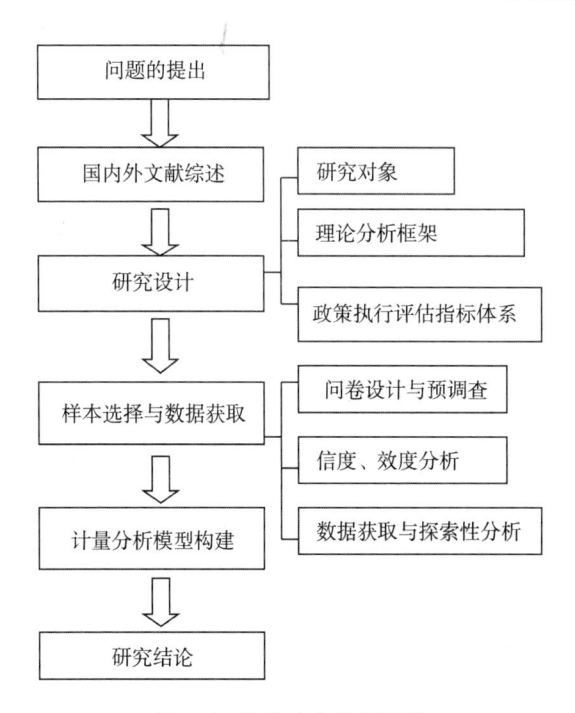

```
问题的提出
    ↓
国内外文献综述 ── 研究对象
    ↓          ── 理论分析框架
研究设计    ──
               ── 政策执行评估指标体系
    ↓
样本选择与数据获取 ── 问卷设计与预调查
    ↓              ── 信度、效度分析
计量分析模型构建  ──
                   ── 数据获取与探索性分析
    ↓
研究结论
```

图 1.7　研究技术线路框架

种研究程序，收集相关信息，用以论断资助政策概念与设计是否周全完整，知悉资助政策实际执行情形、运行中的困难，有无偏离既定的政策方向目标，并指明社会干预资助政策的效用。因此，本研究通过对相关文献的查阅和梳理，鉴于关于民族院校对大学生资助政策执行效果评估研究文献的欠缺，本研究的范围包括民族院校的大学生所能获得的赠与型资助金、贷予型资助金和以工代赈型资助金，这个尽量广泛的研究范围能避免因分析某一特定类型资助而造成样本量的大量减少。

（2）统计分析。根据已有文献，我们提出大学生资助总额受到学生和专业等因素的影响,包括个人的性别、民族身份、父母亲受教育程度、家庭年收入、大学生在校就读期间的考试成绩、大学生所在年级的高低和专业的类型等。其中,父母亲受教育程度和家庭收入是衡量家庭社会经济背景最主要的指标。

本研究以 H 民族大学为个案,采取分层随机抽样的方法,从该校选择2000名学生作为样本,前后进行一次小范围的预调查和一次大规模的问卷调查,通过大样本问卷调查和调取管理数据的方式,提取了214400个数据。最后通过两轮筛选,最终提取了107066个调查数据。同时根据大学校历跨自然年度的学年制,从教务管理系统中提取了最后保留的799名学生2008年到2011年上半学年各科成绩,获得16779个管理数据,为定量分析收集了一手的数据资料。在探索性数据分析的基础上,运用了二分变量逻辑回归模型、多分有序变量模型、经典多元线性回归模型和鲁宾因果模型等计量模型。上述分析主要运行工具为STATA10.0和SPSS16.0统计软件包。

第四节 研究内容与章节安排

本研究由八章内容构成:

第一章 导论

本章主要阐述了选题的缘由、研究背景、核心概念界定、研究的意义、研究的思路与方法,并对研究内容和章节作了整体安排。

第二章 相关理论与实证研究述评

本章首先阐明了教育公平理论的主要观点;其次是对国内外相关研究的经典文献进行梳理、归纳,并对其相关理论观点和研究方法进行了简明扼要的评论,为后续相关研究工作尤其是为本研究的开展在理论上指明了方向,在方法论上具有借鉴作用和启发性。

第三章 研究设计、样本选择与数据获取

本章厘清了本研究的总体设计思路,构建了相关理论及逻辑分析框架,描述了被调查学生的总体特征,考察了样本的分布与选择状况,对H民族大学本科生的资助需求状况进行了初步评估;选择了资助政策知晓度、获得资助机会、资助政策满意度以及资助政策对受资助大学生学业成绩的影响四个维度为一级指标体系,其下又设置若干个测量变量形成相应的二级指标体系,为第四至第七章研究提出基本命题及相关具体假设奠定了一定的理论基础。

第四章 大学生对资助政策知晓度的计量分析

本章界定了资助政策知晓度的概念,提出了相关具体研究假设;根据本研究变量的特点和研究需要,本研究选择了多分有序变量模型,对H民族大学的大学生对资助政策的知晓度进行了计量分析,并对计量分析的主要结论和政策性含义进行了讨论。

第五章 大学生获得资助机会的计量分析

本章界定了获得资助机会的概念,提出了相关具体研究假设;根据本研究变量的特点和研究需要,本研究选择了二分变量逻辑回归模型,对H民族大学的大学生获得资助机会进行了计量分析,并对计量分析的主要结论和政策性含义进行了讨论。

第六章 大学生对资助政策满意度的计量分析

本章界定了资助政策满意度的概念,提出了相关具体研究假设;根据变量的特点和研究需要,本研究选择了多分有序模型,对H民族大学的大学生对资助政策的满意度进行了计量分析,并对计量分析的主要结论和政策性含义进行了讨论。

第七章 资助政策对受资助大学生学业影响的计量分析

本章界定了受资助大学生学业影响的概念，提出了相关具体研究假设；根据变量的特点和研究需要，采用了国际上通用的基于非实验数据评估办法，并通过抽样调查方法获得问卷数据和在相关管理部门提取管理数据，本研究选择了经典多元线性回归模型、二分变量逻辑回归模型、多分有序回归模型等。在分析资助政策对学生学业成绩影响时运用了鲁宾因果模型，并对计量分析的主要结论和政策性含义进行了讨论。

第八章 结论

本章对上述第五至第七章所得到的实证研究结果进行了总归纳，并针对计量分析的结论和政策含义的解释，提出了相应的政策建议。同时，本章还概要介绍了本研究的主要贡献和局限性，并指出了进一步深化或拓展本研究所要努力的方向。

第二章　相关理论与实证研究述评

第一节　相关理论

教育公平是社会公平价值在教育领域的延伸和具体体现。综观教育公平理论的发展历程，国内外学者从法学、伦理学、社会学、经济学和教育学等多学科视角对其进行了多维度的动态探讨。诸如从教育权利公平到教育机会公平，再到教育起点公平、过程公平和结果公平的多层次考量，教育公平的内涵始终处于不断拓展和丰富的过程之中。从教育经济学的角度看，教育资源是有限的，分布是不平衡的。教育资源的分配和配置是影响教育公平的一个非常直接的因素，应当以"机会均等"为准则，保证每个参与资源分配的个体占有均等的教育资源的机会。

当然，教育公平还反映了一种非常强烈的价值判断和主观感受性，教育资源的分配和配置上的不公平作为一种"社会事实"会长期客观存在，当它对人们的生存和发展具有重要的意义和极大的利益关系以后，它的分配或配置不公平，必将引起人们极大的相对剥夺感，进而对教育公平的价值形成更大的诉求。

基于对教育公平理论的理解，本研究将主要通过资助政策知晓度和资助获取的机会两个维度来衡量资助政策资源的分配效果，而用资助政策满意度及资助政策对学生学业影响两个维度来衡量资助政策对学生的主观感受和对其学业改善与否的客观效果。

第二节 国内外实证研究述评

一 国外实证研究述评

就大学生资助政策而言，国外已有研究文献大多以"入学机会"和"选择性"为切入点，大致是围绕三个方面展开讨论的：第一，一些学者的研究集中在家庭收入和财政资助对大学入学的影响（St. John, E. P., 1989）。研究结果表明：财政资助对入学的影响比学费的影响大。而且，他们发现在提高入学率方面，少数民族学生对助学金的关注超过贷款。第二，还有一些学者将高等教育作为投资的角度来研究。即投资回报——大学学位带来的"位置产品"，是影响入学选择的重要因素（Becker, 1990, 1992; Grubb, 1992, 1995; Leslie & Brinkman, 1987; Mcpherson & Schapim, 1997）。后者又有两种代表性的观点。一种是属于持"纯价格"假设研究的观点（Leslie & Brinkman, 1988; Mcpherson, 1978）；另一种是应用"纯收益"方法研究的观点（Hansen & Weisbrod, 1969）。第三，大学生的学业表现是以结果为导向的资助政策研究者关注的另一个重要的层面。由于大学生学业表现的影响因素不仅包括个人特征、家庭社会经济背景和高中学校状况等因素（Julian R. Betts & Darlene Morell, 1999），还应包括教育体系自身的影响（Alan C. Kerckhoff, Lorraine Bell Haney & Elizabeth Glennie, 2001）等。

其中，在贷予型资助政策和学生学业表现关系方面的重要文献有两篇。一是 Erik Canton 和 Andreas Blom（2004）在评估墨西哥一项学生贷款项目对高等教育入学率和学生学业表现的影响时，从"委托—代理"理论的角度分析了贷款对学生学业表现的作用机制。其研究结果发现，贷款有可能使学生减少其他占用个人时间的筹集教育费用的活动，从而有更多的时间投入到学业之中；与赠与型资助相比，贷款更有监督能力，贷款者在学业上表现更优。二是 B. Bodvarsson 和 Rosemary L. Walker（2004）认为资助者和受资助的学生之间实际上构成了"委托—代理"关系：无偿性的资助——如父母的现金资助、其他机构的助学金等，由于不需要偿还，同时资助者很难对受资助学生进行有效的监督，因此会产生道德风险，无法对学生的学业表现产生有效的激励作用；而学生贷款和勤工助学等资助形式，参与的学生需要付出一定的成本——如偿还贷款与利息或占用时间付出劳动，如果参与者学业失败，他将面临较高的成本，就可能对学生的学业表现产生有效的激励作用。他们的研究还发现，助学金对学业表现有负向影响，而勤工助学和贷款则对学业表现有正向作用。这些研究对理解贷款对学业表现的作用机制无疑具有启发性。但是，不足之处，主要在于没有意识到学生资助的来源是多样的，往往只将贷予型资助引入解释变量之中，没有控制包括其他资助形式在内的资助总额对学业的影响，这有可能带来估计上的偏差。

近年来，资助政策执行的影响因素成为资助政策效果评估研究的一个焦点，相关文献多聚焦于个人因素对资助效果的影响，例如学生的性别、种族/民族、年龄、家庭社会经济背景、能力、高中学术准备、大学表现和大学特征以及政府政策等（McPherson, 1989；Duffy, 1998）。葛布和托马（Grubb & Tuma, 1991）使用1986年全美高校学生资助调查数据分析了高校资助分配的影响因素。他们发现获得资助的可能性随着父母收入的提高而降低，男性、成人学生和亚洲学生获得资助的可能性较低。此外，学生的经济需求和成绩在资助的决定过程中影响力不大。凯恩和斯皮曼（Kane & Spizman，1994）使用杜宾（Tobit）模型分析发现，学生 SAT 成绩和高中排名与大学获得资助的水平显著地呈正相关，但父母收入和教育程度与奖学金和贷款水平呈负相关。学者还专门研究了种族和性别对大学生资助的影响。他们发现亚洲和黑人学生与白人学生相比获得更多的资助。同时他们比白人学生更有可能获得学生资助。辛格（Singell，2002）的研究证实 SAT 数学成绩对获得学生资助具有正向影响，但是 SAT 英语成绩与获得由政府补贴的学生资助存在负相关关系。尤其值得注意的是院校类型、学业质量和学生群体特征等高校因素对学生资助的影响。Lee，Ram 和 Smith（1999）对美国伊利诺斯州 1989 年公立大学和社区学院公共资助分配效应的研究也表明，现有的高等教育公共资源分配有利于低收入和中等收入水平家庭学生。公共资助使高收入水平家庭的收入向低收入和中等收入水平家庭转移，最为显著的是收入从最高收入水平家庭向年收入在 40000 美元以下家庭的收入转移。

严文蕃（2003）对少数民族学生参与高等教育的研究发现，学校类型对少数民族学生参与高等教育也具有显著的影响。例如，美国教会中学的少数民族学生比来自非教会中学的少数民族学生更可能进入大学。这可能是因为教会中学能够营造一种校风使少数民族学生比在公立或非教会私立学校学得更好；教会学校学生的家长对教育的期望更高；他们也更主动、积极地参与学校的活动。

桑贾伊·普拉丹（2000）通过教育生产函数和公共支出基

本方法对教育支出进行分析，得出教育支出政府干预的理论依据，即教育产生正的社会外部效应，存在市场缺陷；另外两个依据是资本市场的缺陷和不完全信息。尤其是发展中国家，学生一般很难获得没有担保的信贷，无法利用通过教育所取得的未来生命期的收入进行借款。

综上所述，国外已有研究文献多基于高等教育机会公平的视角，从高等教育入学率、高等教育机会均等实现与否等方面，对大学生资助政策的分配效果进行了实证研究，而较少关注公共资助资源分配对在校大学生的影响，也较少关注高等教育过程公平的问题。研究者达成的共识是：尽管不同类型学生资助对入学可能性存在显著影响，但在收取学费后，若资助政策不完善，或资助政策执行不力，就可能会产生公共教育财政资源的配置不合理和资源分配愈加不公平等负面效应。

二 国内实证研究述评

国内有关大学生资助政策研究文献，主要关注的热点在于大学学费与大学入学机会均等的相关性方面，尤其是以"借贷型"资助政策研究为视角，聚焦于高等教育的"入口机会"和"选择性"的问题。大致可以分为两类：一是集中在家庭收入和财政资助对大学入学的影响。已有研究表明：财政资助对大学生入学的影响比学费的影响大。二是将高等教育作为投资来研究。研究发现：社会阶层、城镇居民家庭收入是影响大学入学选择的重要因素。在上述分类基础上，本研究具体又可以归纳为四个方面：一是大学生资助政策必要性的理论阐述；二是资助政策对高等教育的"入口"与"选择"的影响；三是大学生对资助政策的知晓度与获取机会；四是大学生对资助政策的满意度以及资助政策对大学生学业的影响。

（1）大学生资助政策必要性的理论阐述

我国学者张民选（2005）以"学生获得资助资金的渠道"为标准，对国内外各种大学生资助体系进行了归纳分析，其资助形式大致可分为两大类：其一是"直接资助"，其二是"间接资助"。其中的"直接资助"是指学生从各种途径直接获得可支配资金的资助，根据学生获得资金的性质作分配准则，又分为"赠与性"资助和"推迟付费"资助两种；而"间接资助"则是指国家、社会或个人以各种渠道和方式间接资助学生。间接资助的方式包括：转移支付（学费经常性减免、土地与资本赠与、国家对学校的税费减免）、现时收入（校产收入投入到教育活动中的部分）和贷款（商业贷款、补助性贷款）。

徐国兴（2008）的研究发现：一是我国大学生资助的整体力度已达到一定程度。资助额可以支付学生学费的30%—40%，资助覆盖面已经高达57%以上。但是和整体资助力度相比，政府资助力度最大的不同点在于更强调公平，这种政策意向主要是通过提高以经济条件为发放标准的助学金的金额和比例来实现的，因此政府资助确实朝着提高高等教育公平的方向在努力。但是政府资助占整体比例过少且其中助学金和奖学金也不是特别高，今后仍有进一步加强的必要。二是在政府资助中国家贷款的资助力度过小。三是从资助变化趋势看，所有指标都呈下降趋势，尤其是来自社会的资助，同时资助项目缺乏稳定性。这些都限制了资助效果的发挥。

凌峰等（2010）构建了基于目标的院校学生资助的绩效考核体系，研究者选取了四项关键性指标：一是影响力。指贫困大学生资助对于社会及资助者造成的影响以及由此产生的对党和国家政策的认知，包括学生满意度、社会知晓度和院校的认同度。资助贫困大学生完成学业是我们的愿景，贫困大学生是否能够顺利拿到资助资金是关键，所以学生满意度是评估影响力的最关键指标。二是执行力。指的是贯彻战略意图，完成预定目标的操作能力。它是把国家战略、规划转化成为成果的关键性保证。执行力包含完成任务的意愿、能力和完成任务的程度。三是运行困境。对当前资助体系进行运行困境评估，可以通过院校在政策执行中发现存在的问题，分析哪些是具体操作的问题，哪些是政策体制的固有矛盾，从而找出解决对策，确保学生资助体系的正常运转。四是生活质量。此处的生活质量是一个综合性概念，既包括经济和消费水平等方面的物质生活条件，也包括广泛的政治、思想、文化等精神生活条件以及环境条件。贫困大学生生活质量是衡量院校学生资助效果的关联性指标，是资助成功与否的侧面反映。

（2）资助政策对高等教育的"入口"与"选择"的影响

陆根书（1999）根据对中国3个城市14所院校13500多名在校大学生的问卷调查，实证分析了社会经济地位对学生选择院校与专业的影响。研究发现，在当时的条件下，学生对院校与专业的选择与其社会经济地位存在着显著的关系。社会经济地位低的学生倾向于选择学费水平较低的院校与专业。这一选择格局使得社会经济地位低的学生在公共高等教育财政资助分配中处于更不平等的地位。

丁小浩（2000）的研究发现：低收入阶层的现实可选择性限制了其对子女的高等教育的投资，而高等教育收费水平的不断提高以及我国现阶段存在的城乡差别、收入不公，特别是由于体制改革导致一部分国有企业职工下岗等问题，很可能会拉大贫富之间平等接受高等教育机会的差距。这都暗示着我国在以市场经济为趋向的社会转型中，不仅在实物资本和金融资本方面，而且在人力资本的积累方面，低收入人口有可能越来越处于不利地位。同时丁小浩也认为："高等教育学费的上涨使家庭贫困无力支付费用的学生面临着求学机会不平等的问题，而且规模扩大的速度越快，不平等有可能表现得越突出。如果在制定高等教育的收费政策时，没有充分考虑我国居民的承受能力，没有有效地帮贫助困的措施，由此产生的高等教育机会竞争的不公平性将成为社会不安定的因素，带动经济增长的目的也难以实现。"丁小浩（2003）采用1991年和2000年中国城镇居民家庭入户调查的数据，对国内20世纪90年代高等教育机会的变化趋势进行了分析，结果发现：a. 高等教育的总体机会在各收入组中有改善的趋势。b. 从1991年到2000年家庭高等教育净入学率增长的程度看，低收入组高等教育入学机会得到改善。c. 与1991年比，2000年来自文化程度相对较低的家庭的大学生的比例有显著上升。

李文利（2004）在全国范围内抽取不同地区不同类别的大学在校生，对其经济情况和获得资助情况进行了问卷调查。动态的分析结果显示：自2000年至2003年，伴随着高等教育规模的扩大，来自低收入家庭和农村地区的学生与来自较高收入家庭和城市地区的学生之间的高等教育入学机会差距在不断缩小，来自较低社会经济地位家庭的学生所享有的优质高等教育机会在增加，表明了我国高等教育总体入学机会和优质教育机会在不同社会群体中的分布趋于均等化。

有关我国国家资助政策对少数民族大学生参与高等教育的影响等研究也取得了一定的成果。这些研究也是着重关注于少数民族大学生参与高等教育的"入口"和"选择"问题。

有学者以民族院校或学生个体为研究对象，实证研究了"贷予型"资助政策对少数民族大学生参与高等教育的"入口"和"选择"问题的影响。陈巴特尔、沈红（2003）从具体的蒙古族贫困生个案研究入手，指出大学收费上学制度对蒙古族贫困生择校、入学产生了一定的压力。而内蒙古自治区大学助学贷款起步晚、成效迟、覆盖面窄。他们建议国家应设立对少数民族贫困大学生的专项助学基金，加大资助力度；同时要简化申贷手续，不断完善助学贷款的运行机制，做好相关单位之间的协调工作。李红（2003）以少数民族院校——西南民族大学为个案，阐述了少数民族贫困大学生的现状、特点及致贫原因，分析了目前民族院校对少数民族贫困学生的资助存在问题及其原因。在此基础上，提出了解决少数民族贫困学生资助问题的政策建议。陈柳（2005）指出，高等教育收费制度改革以来，少数民族贫困大学生在择校、入学和求学过程中产生了极大的压力，处于弱势地位。在对少数民族贫困大学生资助政策研究和对现存问题分析的基础上，概括出了"四化原则"，提出了进一步完善资助政策体系的改革建议。

有学者以来自少数民族聚居地区的贫困生为研究对象，分析了学费与资助政策对少数民族大学生参与高等教育的影响。韩同高（2004）指出高等教育成本分担的"教育产业化"色彩极为浓厚，相对的高学费准入制，对少数民族聚居地区贫困大学生的择校、入学、求学过程产生了极大的压力，同时其受资助方面也处于相对困难的境地。究其原因主要有：缺乏对少数民族聚居地贫困大学生的全面认识和资助理念的缺失，以及现行资助政策制定和实施存在不足等原因。现有资助系统及政策存在的问题，也使这一弱势大学生群体的受助水平处于无奈的不公平境地。

(3) 大学生资助政策的知晓度与获取机会

在勤工助学活动方面,有学者(吴庆,2005)对华中师范大学 2004 级贫困生勤工助学活动进行抽样调查时发现,其中从事卫生打扫或日常管理等劳动服务型工作的占贫困生勤工助学总人数的 80% 以上;而从事教学科研等辅助性工作、校园网络维护等技术性工作、利用自己的专业知识为社会提供科技文化服务等智力型工作的不足 20%;这种现象在全国各院校具有一定普遍性。劳动服务型勤工助学活动虽然能增强贫困生的劳动观念和务实精神,取得一定的劳动报酬缓解经济压力,但是对培养贫困生的创新能力,提高综合素质的作用不大。

李慧勤(2005)采用方差分析和逻辑回归模型的方法,分析影响学生资助的各种因素、学生对资助政策变化的反应与对学费变化的反应孰强孰弱、高等教育需求的学费弹性与收费及资助政策的变化关系,以判断各种学生资助政策能在多大程度上弥补经济困难学生因学费提高而造成的继续求学意愿的减退。研究表明:"纯价格"假设不成立,学生的高等教育需求要随学费、学生资助政策、家庭收入、劳动力市场等因素的变化而变化,学生高等教育需求对学费变化的反应比对资助政策变化的反应更强烈,提高学费的同时增加学生资助并不能保证学生求学意愿不下降。该研究显示:低收入家庭的学生对国家助学贷款的了解程度比高收入家庭学生高。而且,学生对资助政策的了解程度,低收入组与高收入组无明显差别,高年级高于低年级,男生高于女生,重点院校高于普通院校。

哈巍(2002)则以北京大学为个案样本对该校学生资助与教育机会均等的关系进行了研究。结果发现:农村学生和家庭收入较低的学生获得了大部分的公共财政资助；随着家庭收入水平的提高，学生获得公共财政资助的概率降低。尽管学生资助指向了目标群体，但由于力度不够，与来自中、高收入家庭的学生相比，来自低收入家庭的学生的经济负担仍然非常大。

杨诚虎（2006）有关S大学的个案研究发现，家庭获得的生活费低于300元/月的学生中，有2.32%、1.36%、3.58%的学生分别被排斥在助学贷款政策、困难补助政策和学费减免政策之外。从教育公平的角度考量，S大学的资贫助学政策的瞄准精度有待进一步提高。将贫困大学生对资贫助学政策的看法作为评估的主要标准，研究者发现，资贫资源的性质与学生成绩的影响密切相关。

杨钋（2009a）认为，我国大学生资助体系的建立是对高等教育财政日益下降的可负担性的回应，也是为了进一步增加弱势群体接受高等教育的机会。总体看来，越是贫困地区获得助学贷款的学生比例越低，越是贫困生集中的院校获得助学贷款的学生比例越低，明显存在着另一种"贫富分化现象"，甚至在一些三类院校和地方院校，几乎一分钱也没有贷到。国家助学贷款不是一种纯商业行为，它带有社会福利性质，如上述所描述的分配状况会带来一种新的不公平因素，从资助政策效果来讲，大学生资助体系需要进一步完善。

在奖学金获取方面，有学者（吴庆，2005）曾对浙江省420位大学生进行调查，结果表明：获得奖学金的各阶层学生的平均比例为34%，但在获奖者中农民家庭子女只占本阶层学生的22%，在获得1000元以上的17名学生中，也无一是农民家庭的子女。

（4）大学生资助政策的满意度和对学业的影响

杨钋（2009b）使用三省19所院校的学生调查数据，分析了学生资助对个人学业发展的影响。研究发现：学生资助与学生的学习成绩呈正相关、与课程不及格呈负相关、与课外学习时间呈正相关，但是与学校满意度无显著相关关系，并认为学生资助在一定程度上促进了教育过程的公平和结果的公平。

胡茂波（2005）通过对湖北民族学院大学生家庭付费能力和资助的调查统计分析得出：学费对学生家庭供给量有着显著的正效应，学校资助、亲友资助对学生家庭供给量有着显著的负效应。结果表明：学生资助对降低学生家庭付费压力有着重要的作用。家庭所在地城市化程度越高、父亲受教育程度越高、家庭经济在当地的状况越好，学生家庭承受学校收费的能力越强；学生家庭经济地位越低，寻求资助的可能性越大；获得资助对缓解学生经济压力，使学生能够专心学习有很大的作用。

从国内外相关研究文献方法论的角度看，有关研究已从偏重于理论的阐述、对国家已经出台的政策的诠释、就一般性的事实归纳和基本情况进行表层分析，过渡到了综合运用定性分析和定量分析多种方法相结合的实证研究阶段。其代表文献有《高校学生资助影响因素的多水平分析》（杨钋，2009）；《高等教育学生资助政策体系课题研究报告》（北京大学中国教育财政科学研究所，内部资料；罗朴尚、宋映泉、魏建国，2009）；《中国现行高校学生资助政策评估》（罗朴尚、宋映泉、魏建国，2011）；等等。

通过对相关实证研究文献的梳理，我们可以发现：首先，高等教育收费政策与学生资助政策是密切相关的。其次，在我国高等教育领域中，教育财政资源配置的公平与否，又跟以下两个因素密切相关。一方面，当前中国居民的收入水平还比较低，而且收入分配的差距较大；另一方面，学费水平大幅上涨至相对较高水平。在接受高等教育者面临融资约束、公共高等教育经费投入相对短缺、高等教育资助体系还不尽完善的情况下，上述两个因素的叠加，可能会导致许多收入水平较低的个人（或家庭）即使达到了规定的入学标准［基于能力（成绩）的"筛选"标准］，也因学费价格效应和资助政策效应，即学费的上涨可能导致学生选择收费水平更低的大学（通常也是办学水平较差的大学）或选择更冷门的学科或专业，从而造成人们参与高等教育过程的机会不公平。因此，在某种程度上，我国高等教育收费政策的完善与否及其收费水平的高低，决定着国家资助政策体系完善及其配套办法跟进的必要性。

综上所述，虽然现有研究文献对研究高校大学生资助在不同群体间的分配有很大的帮助，但是它们的解释能力受到研究方法的限制。因使用样本（如不同国家、不同地区、不同类型和层次院校、不同学生个体特征之间）的差异，会导致资助政策研究结果大相径庭。一些学者发现，在市场经济条件下，免费高等教育不利于高等教育的发展，也不利于人们接受高等教育的机会公平。另一些学者的研究则表明：高等教育收费政策对低收入家庭学生入学选择具有很大的负面影响。因此，必须加大面向低收入家庭学生的资助力度。总之，由于上述对高等教育财政资助需求研究的文献，更多关注的是要解决能不能进大学的"入口机会"问题和进什么样的大学的"选择性"问题，却较少考量在在校大学生参与高等教育过程中，资助政策是否真正瞄准了资助需求群体以及是否满足了其主观期望与偏好。这在一定程度上反映了高等教育财政资助需求与供给研究的不足。

改革开放以来，随着我国高等教育体制改革的深入开展，特别是招生并轨、学费制度改革的进一步推进以及高校不断扩大招生规模，高校贫困生问题也日益突出。我国大学生资助政策经历了减少助学金、终止助学金，设立奖学金、设立贷学金，计划生收费、勤工助学、困难补助、减免学费和国家助学贷款等资助方式的改革历程。资助政策的历史沿革从"免费＋助学金"到"收费＋贷学金"的资助形式，从单一资助方式向多元资助体系方向发展。1994年，我国高等教育阶段的"奖、贷、助、补、减"多元化资助体系开始初步形成；2007年，《国务院关于建立健全普通本科高校、高等职业学校和中等职业学校家庭经济困难学生资助政策体系的意见》（国发〔2007〕13号）及其配套办法颁布实施后，国家在高等教育阶段建立起国家奖学金、国家励志奖学金、国家助学金、国家助学贷款、师范生免费教育、勤工助学、学费减免等多种形式并存的高校家庭经济困难学生资助政策体系。家庭经济困难学生考入大学，首先可通过学校开设的"绿色通道"按时报到。入校后，学校对其家庭经济困难情况进行核实，采取不同措施给予资助。其中，解决学费、住宿费问题，以国家助学贷款为主，以国家励志奖学金等为辅；解决生活费问题，以国家助学金为主，以勤工助学等为辅。此外，国家还积极引导和鼓励社会团体、企业和个人面向高校设立奖学金、助学金，共同帮助家庭经济困难学生顺利入学并完成学业。

毋庸置疑，大学生资助政策的出台及其不断完善，在一定程度上促进了高等教育的公平。但如上所述，正如学界所关注的那样，在资助政策执行过程中，仍然存在一些问题。

首先，目前，我国资助资金的分配根本上仍然遵循着以院校为基本单元的学生群体标准,但相关理论研究表明:不同层次、不同类型院校的学生,以及具有不同个体特征和家庭背景的学生的资助需求是不同的。不同层次的、不同激励导向的执行主体自身利益的相关性,其资助政策执行效果是有差异的。从中央财政拨付项目落地到学生资助政策资金到位,要经过许多道程序和环节,诸如 H 民族大学的资助经费审批流程,须经过国家民委分配给学校,学校一般是按照各年级贫困生的总比例将资助名额分配至各院系,院系又按同样的标准将名额分配至各班级。各个班再分配给各个学生等多个环节。事实证明,由于资助政策执行过程环节越多,政策信息就会"渗漏",最终可能导致资助政策执行行为的偏差。

其次,资助政策执行过程中的信息不对称问题也可能导致政策执行的偏差。当前资助政策相关信息的验证存在很多缺陷,以助学金的发放为例,在实际操作过程中存在着不科学、不合理的情况。困难补助发放的依据是学生的家庭收入状况,但由于目前各高校对学生的家庭经济状况很难准确判断,基本上是由学生自己介绍,提出申请,各高校内部进行评审,而学校在认定贫困生时,主要依据学生提供的乡镇(街道)以上民政部门的家庭经济状况证明等相关材料。由于高校学生大都来自全国各省、市、自治区,且各地在出具证明时标准不一或把关宽严不同等因素,学校更难以对所有申请的贫困生情况进行逐一核实,从而容易出现信息"缺漏"或"失真"现象,最终导致资助政策执行与政策目标偏离或政策执行主体行为的"扭曲"。

最后,资助政策执行过程中存在大量的技术性问题,包括确认家庭贫困的标准模糊不清等。各高校对于贫困生等级认定工作操作困难主要表现为:一是高校生源广泛,不同地方的学生汇集到同一所高校,地区差异导致家庭经济收入的不平衡,加上没有统一的贫困生认定量化标准,给贫困生等级认定工作带来困难。二是地方政府对开具家庭经济贫困证明缺乏有效的评判依据和衡量标准或疏于监理。凡是有当地民政部门及居委会出具证明的,学校都可以给予认定为有效证明,因此出现造假和谎报来骗取资助的现象就司空见惯了,最终导致某些学生在生源地开具的贫困证明不能真实、全面反映其家庭经济状况。上述这些问题,亟待高等教育财政理论界予以关注和探讨。

第三章 研究设计、样本选择与数据获取

第一节 研究设计

一 研究对象

本研究范围设定为我国民族高等教育领域，具体指向多民族聚集的普通高等本科院校（简称民族院校或民族高等院校）。研究对象确定为 H 民族大学在校本科生。

二 资助政策执行效果评估指标体系

(1) 资助政策执行效果评估的目标设定。资助政策执行状况评估的第一阶段涉及资助政策执行效果评估的目标设定。

本研究认为：资助政策应当追求公平和效率的双重目标，既要满足资助政策资源在宏观高等教育领域中配置的公平和效率要求，又要体现资助政策资源在微观院校内部分配的公平和效率。

(2) 资助政策执行效果评估指标的选择。资助政策执行效果评估的第二阶段涉及相关指标的选择。在选择资助政策执行效果评估指标的时候，要同时考虑相关指标的类型，所体现的资助政策目标，所蕴含的资助政策价值和理论解释能力。

第一，确定资助政策执行效果评估指标的类型。根据本研究

的需要，资助政策执行效果评估主要从资源分配和资助效果两大方面展开，相对而言，资助政策资源分配主要用政策知晓度和获得资助机会来衡量，而资助效果主要包含资助政策满意度和对大学生学业成绩的影响。实际上，上述四者是交互影响、互为因果的关系，仅仅是为了方便研究而进行一个相对的划分。

第二，指标的选择要考虑它们所蕴含的政策价值。指标的政策价值取向包括选择、公平和效率。其中，选择指学生资助获取的机会。效率指资助政策所投入的资源和取得成果之间的关系。公平指考虑资源分配上的机会均等与否和需求群体的多样性。

为了评判资助政策是否体现了教育公平，是否满足了应该得到资助者的合理需求，是否有效地促进了得到资助者的学业发展，本研究拟初步构建一级指标体系的层次结构及相应的二级指标体系，随后将初步建立的指标体系制成专家咨询表和访谈提纲，采用电子邮件、现场访谈等方式，邀请相关专家进行研讨，并综合专家意见进行指标筛选，最终确定了"资助政策知晓度、获得资助机会、资助政策满意度以及资助政策对受资助学生学业影响"四个维度为一级指标结构，其下又设置若干个测量变量形成相应的二级指标体系。如表 3.1 所示：

表 3.1　　　　　资助政策执行效果评估指标体系

目标层	一级指标	二级指标
资助政策执行效果评估指标	资助政策知晓度	国家奖学金政策的知晓度
		专业奖学金政策的知晓度

续表

目标层	一级指标	二级指标
资助政策执行效果评估指标	资助政策知晓度	高校优秀学生奖学金政策的知晓度
		国家助学贷款政策的知晓度
		勤工俭学政策的知晓度
		助学金政策的知晓度
		生源地贷款政策的知晓度
	获得资助机会	奖学金的获得与否
		助学金的获得与否
		校内勤工助学岗的获得与否
	资助政策满意度	奖学金发放额度的满意度
		奖学金发放过程的满意度
		大学助学贷款的申请额度的满意度
		大学助学贷款的申请过程的满意度
		勤工助学的发放额度的满意度
		勤工助学的机会获取的满意度
		助学金的发放额度的满意度
		助学金的发放过程的满意度
		减免学费的减免额度的满意度
		减免学费的申请过程的满意度
	资助政策对受资助学生学业影响	资助政策对专业选择的影响
		资助政策对专业学习的影响
		资助政策对完成学业的影响
		受资助后学习成绩的提高与否

三 理论及逻辑分析框架

教育经济学研究表明：影响个人高等教育需求的因素大致可分为两大类：一是学术能力、生理特征、人口特征和学校特征等变量；二是经济、财政因素如学费、家庭收入、学生资助等变量（Braunstein，1999）。研究者通常在控制第一组变量的情况下，考察财政因素（如学费折扣或助学金增加）对于学生入学选择的影响（Des Jardins，2001）。根据经济学原理，若高等教育不具备必需品的特性，则高校学费水平提高将导致消费者对其需求的下降，而不同收入水平的家庭对高等教育学费水平（价格）变化的反应也不尽相同，即高等教育价格弹性不同。如果假设学生对于学费和资助等财政因素的敏感程度与学生家庭的社会经济地位成反比，那么学费和学生资助的变化将直接影响教育机会均等的变化——学费的增加（资助的减少）将恶化高等教育机会不均等，而学费减少（资助的增加）将改善教育机会不均等。国外学者 Donald Heller（1997）构造了高等教育需求差异曲线可以更直观地解释这一现象。

考虑到数据的可获得性（出于对研究成本的考虑、民族院校类型特征的选择和研究者的能力所限），本研究将聚焦于 H 民族院校的大学生资助政策执行效果的评估问题，学校所需收取的学费标准仅作为影响资助政策执行效果的控制变量之一被纳入研究框架之中，因此有必要在第一章对大学生资助政策概念界定的基础上，就大学生资助发放的各种形式、标准和额度进行一个简要的归纳和分类，以建立本研究所进行的实证分析的理论基础。

本研究的主要政策依据是《国务院关于建立健全普通本科高校、高等职业学校和中等职业学校家庭经济困难学生资助政策体系的意见》（国发〔2007〕13号）及其配套办法的规定，主要内容是指国家在高等教育阶段建立起国家奖学金、国家励志奖学金、国家助学金、国家助学贷款、师范生免费教育、勤工助学、学费减免等多种形式并存的高校学生资助政策体系。此外，广义上的资助政策还包括贷款利息减免、贫困学生入学绿色通道等，因研究条件所限，这类资助不纳入本研究的考量范畴。

大学生资助政策可按其分配的界定标准分为"奖优"与"助贫"两种，又可按获得资助的代价分为"赠与型""贷予型"和"以工代赈"等三种。

按其分配的界定标准划分，"奖优"性质的资助旨在奖励学业或其他方面表现突出的学生，以创造激励机制鼓励学生通过合理竞争取得更好的学业成绩。其中国家励志奖学金在客观上有帮助贫困家庭的优秀学生分担费用负担的作用。而"助贫"性质的资助的目标明确，其政策的出发点在于资助家庭贫困的学生。在上述相关政策中，国家励志奖学金、国家奖学金具有"奖优"性质，其中国家励志奖学金具有"奖优"和"助贫"双重性质；而其他的资助政策大都属于"助贫"性质（师范生免费教育除外，该政策属于针对特殊行业人才需求培养的优惠政策）。

按获得资助的代价划分，"赠与型"的资助获取无须代价，学生无论在在校期间还是在毕业后都不必偿还，奖学金、励志奖学金、助学金、师范生免费、学费减免等都属于该类政策；"贷予型"的资助是由银行提供的贷款，学生需在毕业后逐步偿还借贷的本金和利息，国家助学贷款包括高校国家助学贷款和生源地信用助学贷款属于此类；而"以工代赈"型的资助需要学生付出劳动来换取报酬，勤工助学属于此类。

从贫困学生的角度看待各类资助政策的代价，"赠与型"的资助代价最低，而"贷予型"和"以工代赈"的资助都需要付出一定的代价，其中后者由于占用了学生可以用来学习的时间可能会直接对其学业产生负面影响，而前者需要学生在毕业后予以偿还。

从政策制定的角度看待不同资助政策的界定标准，"奖优"性质的资助面相对较窄，但资助代价低；"助贫"性质的资助面较宽，但要么资助额度低（国家助学金），要么资助代价高（贷款、勤工助学）。

当然，如前面两章所述，对于资助政策体系的研究，无论在政策执行层面还是在实证结果的含义层面仍然存在着一些争论。要把资助政策体系所包含的几种资助形式在任何一个研究设计中准确区分或面面俱到，并不是一件容易的事情。因此，在资助政策执行过程中，以上各类资助（重点考察"赠与型"和"以工代赈"的资助，"贷予型"的资助只考察国家助学贷款包括高校国家助学贷款和生源地信用助学贷款）是否有效分配给了有资助需求的大学生群体？这些资助对于不同学生群体对政策主观感受和学业成绩等究竟有着怎样的影响？这些正是本研究尝试回答的关键问题所在。

基于上述相关理论的讨论以及第一章对资助政策执行效果评估四个维度的确立，构建本研究总体的逻辑分析框架如图 3.1 所示。

图 3.1 中的资助政策执行效果评估的四个维度构成了一个完整的资助政策执行过程回路。任何一项政策的执行过程及其效果在很大程度上取决于政策利益相关者的政策认知，也即政策知晓。政策知晓是理解和参与政策执行的前提，学生在对资助政策

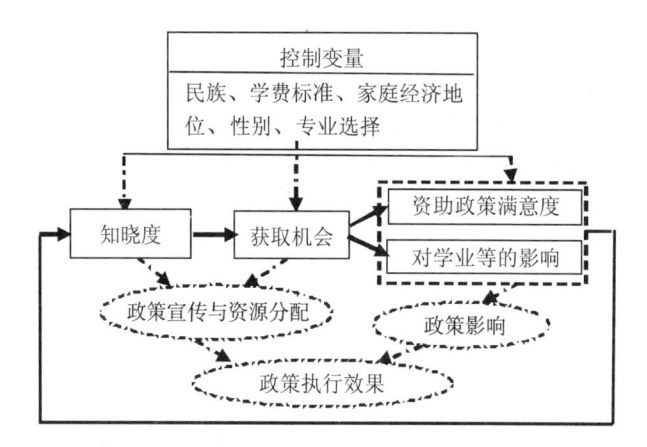

图 3.1 逻辑分析框架：资助政策执行效果评估的四个维度

有了了解之后才会去申请资助，而资助机会的获取过程本身也是资源分配的过程，资源分配的结果又会通过受资助者主观感受的改变及其学业的客观影响等方面表现出来。进一步分析而言，上述主客观影响会作用于资助政策参与者对资助政策的认知，进而形成一个政策执行回路。基于此，本研究从资助政策执行过程的动态的角度，将上述四个维度作为资助政策执行效果评估的基本内容加以研究。

上述四个维度相关研究的具体模型的设定和相关指标的选取详见第四至第七章。

第二节 H 民族大学资助政策执行概况和资助需求

一 H 民族大学资助政策执行概况

H 民族大学作为一所直属于国家民族事务委员会的综合性普通高等院校，在校学生的民族成分涵盖了我国所有 56

个民族，是一所极具典型性的多民族大学生聚集的本科院校。

统计数据表明：截至2011年上半年（此数据是根据大学校历跨自然年度的学年制，即2010—2011学年度），H民族大学内设普通本科二级学院14个，在校本科生共20428人，其中家庭经济困难学生人数占在校学生总数的32%。[①] 已建立并形成以奖（助）学金为导向、勤工助学为主体、国家助学贷款和生源地信用贷款为主要途径，"奖、贷、助、补、减、免、勤"七位一体的学生资助工作体系。H民族大学自2004年至2011年上半年（校历一般是指跨自然年度的学年制），获得国家助学金的学生共31730人，自2007年至2011年上半年，获得国家奖学金的学生共649人，获得国家励志奖学金的学生共2071人。其中，自2007年至2009年，获得国家助学金的人数有所减少，主要是由于国家奖学金与国家励志奖学金政策的推行，有一部学生获得了国家奖学金与国家励志奖学金，但享受国家奖助学金政策的人数总体呈上升趋势，其中2008年由于相关政策的影响，人数相对2007年有所下降，2011年享受国家奖助学金政策的人数最多，共有5498人。如图3.2所示。

据统计资料显示：H民族大学自2004年至2011年，共发放国家助学金8242.8万元，自2007年至2011年，共发放国家奖学金676.8万元，国家励志奖学金1315万元。其中，自2007年至2009年，发放国家助学金的金额有所减少，主要是由于国家奖学金与国家励志奖学金政策的推行，有一部分学生获得了国家

---

① 数据来源：根据H民族大学学工处提供的"2010至2011学年度本科生统计报表"整理。

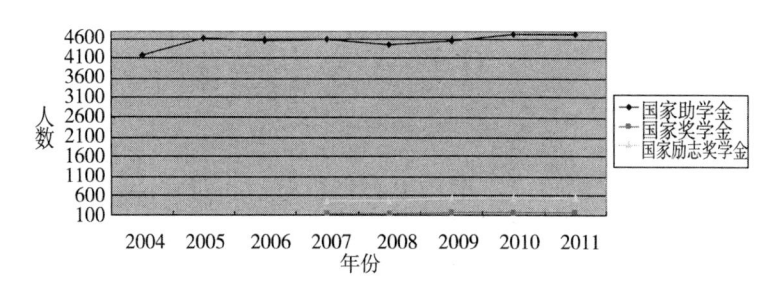

图 3.2　H 民族大学历年国家奖助学金人数统计

数据来源：由 H 民族大学大学生资助中心提供。

奖学金与国家励志奖学金，但国家奖助学金发放的额度总体呈上升趋势，其中 2008 年由于相关政策的影响，额度相对 2007 年有所下降，2011 年国家奖助学金发放的额度最大，达到 1859.7 万元。如图 3.3 示。

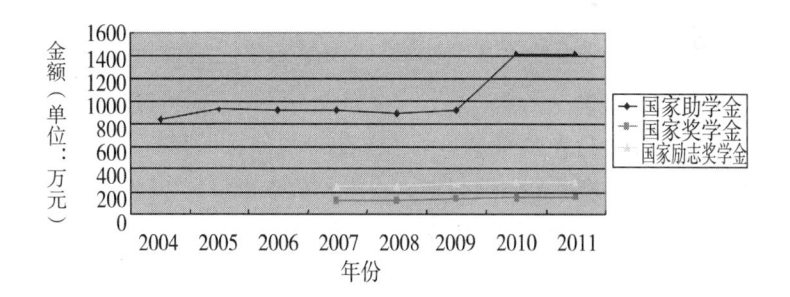

图 3.3　H 民族大学历年国家奖助学金金额统计

数据来源：由 H 民族大学大学生资助中心提供。

据统计资料显示：H 民族大学自 2004 年至 2011 年，发放国家助学金的平均值呈稳步上升趋势，自 2007 年至 2011 年，发放国家奖学金与国家励志奖学金的历年平均值保持不变。如图 3.4

所示。

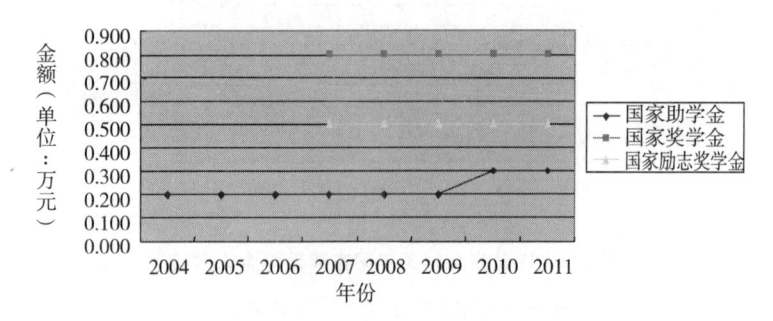

图 3.4　H 民族大学历年国家奖助学金人均获取额度统计
数据来源：由 H 民族大学大学生资助中心提供。

二　H 民族大学本科生的资助需求估计

上述对 H 民族大学资助政策执行的总体支出情况进行了介绍，现将就读于 H 民族大学的学生一年所需支出的费用作一个初步的估算，从而使读者对 H 民族大学的学生资助的需求有个比较量化的理解。

一个就读于 W 省会城市的大学生每年的支出有如下几项：

学费：国家规定的学杂费，由学校收取。

住宿费：外地学生在学期间居住宿舍或者在外租房的费用。

生活费：包括饮食、学习资料、娱乐等所支出的费用。

交通费：乘坐交通工具来往于常住地与学校区间的费用。

H 民族大学的本科学生每年所需支付学费标准分为四档，对应四类不同的学科专业，见表 3.2：

表 3.2　　H 民族大学本科学生所需支付学费标准

学费标准(元/学年)	学 科 专 业
0	民族学
4500	汉语、新闻学、社会学、工商管理、经济学、公共管理、数学
5850	法学、外语、计算机、生物工程、生物医学、药物
10000	美术

数据来源：由 H 民族大学财务处提供。

比较所需支付学费标准为 4500 元/学年与 5850 元/学年的专业，可以发现，所需支付的学费标准为 5850 元/学年的专业偏重理工，而所需支付学费标准为 4500 元/学年的专业偏重文史，前者的平均就业率较高，毕业时的签约率大约为 40%，而后者很多专业在毕业时的签约率不足 20%。收取 10000 元/学年学费的美术类专业较为特殊；对修读民族学的学生实行免除学费的政策是民族院校的特色，但人数非常少，2010 年修读民族学（学费为 0 元/学年）免交学费的学生有 44 人，不到该校当年招生总人数的 1%。

H 民族大学学生的住宿费每学年为 800—1200 元。

据 H 民族大学大学生资助中心对就读于该校的本科生所做的调查，在校园里 10 个月的生活费用视个人情况不同，大致为 2700—8100 元。具体调查结果见表 3.3：

表 3.3　　　　　　　　每月支出调查

饮食	人数	学习资料	人数	娱乐	人数
0＜200	43	0＜50	131	30—50	145

续表

饮食	人数	学习资料	人数	娱乐	人数
200—500	202	50—70	82	50—70	65
500—1000	19	70—90	26	70—90	27
		90—110	25	90—110	24
合计	264		264		261

数据来源：由 H 民族大学大学生资助中心提供。

根据表 3.3，取各项支出的最低值与最高值合计，可得出每个月生活费用所需数目。但是，又因为每年来往于常住地和学校区间的交通费由于学生各地远近不同难以统计，所以，若不计交通费，大多数就读于 H 民族大学的本科生一年的开销大约为 8000—15000 元。

H 民族大学的招生范围覆盖 31 个省（市、自治区），其中，湖北、河南、内蒙古、新疆、广西 5 个省（自治区）为第一批次招生，其他省（市、自治区）为第二批次招生，少数民族学生比例达到 61% 以上。[①] 与其他普通高等院校相比，民族院校的招生更加集中于少数民族地区和较不发达省份，相对而论，学生更有可能来自较贫困的家庭，使得他们更加需要来自国家和学校的资助。以 H 民族大学为例，其招生计划最多的 7 个省份的招生名额占了所有招生数的 2/3 左右，这些省份在 2006—2010 年的文史、理工类招生总和情况如下（除文史、理工类外，尚有美术类招生，每年约有 200 人，数量较小且只对某些省份招生）：

---

① 数据来源：H 民族大学招生与就业处提供。

第三章 研究设计、样本选择与数据获取

表 3.4　　　　H 民族大学在 7 个省份的招生情况

省份/年份	2007	2008	2009	2010
湖北	774	840	899	947
湖南	431	451	486	526
河南	334	331	307	307
广西	631	631	621	621
山东	234	201	184	184
内蒙古	226	234	253	263
贵州	204	236	256	282
云南	203	219	239	249
全国（总共）	4686	4671	4881	5059
7 省占全国比例（%）	64.8	67.3	66.5	66.8

数据来源：由 H 民族大学招生与就业处提供。

可以看出，H 民族大学与大多数非民族大学的招生计划存在较大的不同，其招生人数较多的这几个省份，大多经济较不发达，且偏重于少数民族地区（两个人口较多民族自治区——广西、内蒙古，两个人口较多少数民族聚居的省份——贵州、云南）。

这些省份的居民家庭人均年收入大多低于全国平均水平，2011 年的数据见表 3.5：

表 3.5　　　　部分省份的居民家庭人均年收入情况

	城市居民家庭人均年收入（元）	农村居民家庭人均年收入（元）
湖北	16058.37	5832.27

续表

	城市居民家庭人均年收入（元）	农村居民家庭人均年收入（元）
湖南	16565.70	5621.96
河南	15930.26	5523.73
广西	17063.89	4543.41
山东	19945.83	6990.28
内蒙古	17698.15	5529.59
贵州	14142.74	3471.93
云南	16064.54	3952.03
全国平均	19109.44	5919.01

数据来源：根据《中国统计年鉴（2010）》整理。

对比一下上文所计算出的本科生一年约 8000—15000 元的开销，这笔支出对来自农村的贫困学生是一笔沉重的负担，尤其是那些来自较多少数民族聚居的省份的大学生，比如，8000 元是贵州省农村居民的人均收入的两倍多。因此，更具备公平性的资助政策应倾向于来自农村的少数民族学生，确保他们有能力承受高等教育的费用负担。

三 对 H 民族大学资助需求状况的讨论

依据国务院颁布的《关于建立健全普通本科高校、高等职业学校和中等职业学校家庭经济困难学生资助政策体系的意见》（国发〔2007〕13 号），比较本章中所估算学生经济的可负担性，不难发现，现有的资助政策中，即使是资助额度最高的国家奖学金，其一年 8000 元的额度也使学生只能在交付学费、住宿费后，勉强维持一个最低的生活标准，而这样的资助仅仅能给予数目非常少（3%左右）的优异学生，而且大一的学生按规定不能享受到，而其他的资助政策在资助额度上更少。所以，现行的资助政策的资助额度是相对有限的，故而需要探讨，该资助政策是否将有限的资源投入到那些最需要资助的群体，即来自农村的、家庭贫困的少数民族学生。

本研究的数据主要来源于调查问卷的统计分析，其中，学生的学业成绩则采用了管理数据。基于本研究设定的大学生资助政策执行效果评估的四个指标体系（知晓度、机会获取、满意度、学业影响）很难用客观的指标进行量化，大多使用的是学生回答问卷所得出的主观评估（除学业影响外）。另外，从调查问卷和管理数据中，研究者甚至直接参与和发放资助金的工作人员，都很难核实学生家庭经济状况的贫困程度，所以本研究能得出的结论只能是一个不同特征的群体样本之间相对比较的结论。例如，来自农村的学生是否在主观感觉上比来自城市的学生更了解国家助学金政策，少数民族学生是否比汉族学生更容易获得奖学金，等等。由上文的分析可以得知，从资助贫困学生的角度来看，资助政策应更倾向于来自农村的少数民族学生，如果这类学生更清楚资助政策、更容易获得各类资助，且对资助政策更满意，从资助政策中受益更大，可以说现有的资助政策起到了扶持贫困学生的作用；相反，如果该类学生在以上各类指标上不如其他学生，那我们就有理由怀疑现行的资助政策是否真正把资助政策资源分配到了最需要的人群手上，进而提醒我们需要对现行的资助政策进行完善和修正。每个指标所选取的自变量、解释变量及其回归结果的具体政策含义，将在后文的相关章节里进行讨论并做出更详细的解释。

第三节　样本的选择与数据来源

一　样本选择

由于分层随机抽样的代表性强，抽样误差小，本研究采用多阶段分层抽样法抽取样本，即先按对观察指标影响较大的某种特征，将总体分为若干个类别，再从每一层内随机抽取一定数量的观察单位，合起来组成样本。具体过程如下：第一阶段采用分层抽样的方法，首先在 H 民族大学按照学科特点将学院分为文法、经管、理工、艺术四大类学院，从这四类学院中随机选取 14 个学院作为下一阶段的抽样框；第二个阶段在同一学院内部，按照就业率将专业分为好、中、差三个类专业（其中就业率大于等于 80% 的专业定义为"就业率好"的专业，就业率小于等于 60% 的专业定义为"就业率差"的专业，就业率处于 60%—80% 区间的专业定义为"就业率中等"的专业），从这三大类专业中随机抽取不同专业作为下一阶段的抽样框；第三个阶段在同一学院、同一专业中，对学生按照年级再分类，每个年级为一类，2007—2010 级学生中，每个年级又分别按性别和民族身份进行分类（其中民族身份只分为汉族和少数民族两类），然后从每个年级中随机抽取不同性别和民族身份特征的学生共计 2000 名。

二　数据来源

本研究主要采用两类数据：管理数据和抽样调查数据。

（1）管理数据。主要包括由 H 民族大学财务处、教务处、招生与就业处、大学生资助中心等部门提供被调查对象的相关数据，主要使用了被调查对象获得资助的次数和核实了被调查对象的学业成绩。

（2）抽样调查数据。本研究分别进行了一次预调查和一次正式调查，其中问卷预调查是于2011年3月进行的，调查对象选取了H民族大学招收理科专业的计算机学院、招收文科专业的公共管理学院和文理兼收的管理学院2008级和2006级的学生各院100名，共发放问卷300份，回收有效问卷264份，回收率88%，调查对象为男生172人，占调查总数的65.2%；女生92人，占调查总数的34.8%。其中汉族学生有110人，占41.7%，少数民族学生有174人，占58.3%。生源覆盖25个省份。采用方便的样本，联系辅导员老师，到课堂上现场请学生填写，事先对调查对象进行了甄别。数据采用SPSS13.0软件包进行分析和处理。遗失值采用列删法。

2011年5月进行了正式调查，最终确定的调查问卷是在预调查基础上进行修改、完善而形成的。被调查的每个学生需要完成一份"民族院校贫困生资助政策调查问卷"，该问卷主要包括：个人及家庭经济状况（如性别、民族、居住地、父母的教育程度、职业、收入等）、资助政策对个人消费行为的影响（获得的奖学金大部分用于改善哪些方面；获得过助学金或者奖学金的同学，他们在哪方面的开支增加了等）、资助政策对学生学业的影响（资助政策对您在专业的选择上是否有所影响、资助政策对您在专业方面的学习是否有所帮助等），以及对资助政策满意程度等方面的问题。第二次正式调查共发放问卷2000份，回收问卷1800份，得到有效问卷1600份。最后，为了便于调取相关学生学业成绩的数据，本研究又根据"是否填写姓名或学号"这一标准，对1600份有效问卷进行了第二轮筛选，舍弃了没有填写姓名或学号的问卷，最终获得与被调查对象实名相匹配的 799 份问卷。样本的特征情况见表 3.6—3.9。

第四节 信度和效度分析

一 信度

信度（Reliability）即可靠性，它是指针对某一现象的测度所提供的稳定性和一致性结果的程度。信度分析的方法主要有以下四种：重测信度法、复本信度法、折半信度法、α 信度系数法。在同一维度内考察测量项目之间一致性最流行的指标是 α 信度系数，其公式为：$\alpha = n/(n-1) * (1 - (\sum S_i^2)/S_T^2)$

其中，n 为量表中题项的总数，S_i^2 为第 i 题得分的题内方差，为全部题项总得分之方差。

二 效度

效度（Validity）即有效性，它是指测量工具或手段能够准确测出所要衡量的事物的程度。效度分为三种类型：内容效度、准则效度和结构效度。效度分析有多种方法，其测量结果反映效度的不同方面。

本研究运用 SPSS17.0 统计软件包，对"资助政策的满意度"等关键题项获取的数据进行信度分析，得到 α 系数为 0.913，非常接近于 1，显示这个研究调查问卷信度较高。同时运用因子分析法进行结构效度分析，得到 KMO 值为 0.697，显示本研究调查问卷具有相应的结构效度。

第五节 样本的数据特征

一 抽样学生基本特征与家庭社会经济背景

1. 抽样学生的基本特征

表3.6列出了调查样本中的学生性别、民族、生源地和就读高中类型的分布情况。从中可见，在抽样学生中男生占总体的43.1%，女生占总体的56.4%；少数民族学生占比为57.2%，汉族学生为41.3%；来自农村的学生占76%。原来就读的高中类型中，主要分布于省、市、县重点中学。从H民族大学学生的总体状况来看，男生占总体的44.9%，女生占总体的55.1%；少数民族学生占比为65%；来自农村的学生占50.8%。原来就读于各省、市、县重点中学的学生占60%以上。因此，样本和总体的差异较小，说明本研究的样本具有较强的代表性。

表3.6 抽样学生的基本特征

项目		频数	百分比	项目		频数	百分比
性别	男	344	43.1	就读高中类型	国家重点中学	10	1.3
	女	451	56.4		省重点中学	186	23.3
	缺失项	4	0.5		市重点中学	213	26.7
	合计	799	100.0		市普通中学	69	8.6
民族	少数民族	457	57.2		县重点中学	218	27.3
	汉族	330	41.3		县普通中学	77	9.6
	缺失项	12	1.5		乡镇中学	18	2.3
	合计	799	100.0		缺失项	8	1
					合计	799	100.0

续表

项目		频数	百分比	项目	频数	百分比
生源地	城市	183	23			
	农村	608	76			
	缺失项	8	1.0			
	合计	799	100.0			

2. 抽样学生的家庭社会经济背景

"学生的家庭社会经济背景"是本研究中要考虑的解释变量之一。表3.7列出了样本学生家庭社会经济背景的分布情况。从总体上看，父母亲的受教育水平多为初中水平，占各自人数的比例分别为：42.6%和36.3%，父亲受教育水平为高中的占26.9%，母亲受教育水平为小学的占30.8%。从父母亲的职业分布来看①，以农牧民居多，其次为工人。其中父亲65.2%为农牧民，母亲69.7%为农牧民。"家庭经济收入水平在当地地位"为"较差"的

---

① 根据原劳动和社会保障部、国家质量技术监督局、国家统计局联合组织1995年年初启动编制并于1999年5月正式颁布的《中华人民共和国职业分类大典》，我国职业归为8个大类，66个中类，413个小类，1838个细类（职业）。8个大类分别是：第一大类包括：国家机关、党群组织、企业、事业单位负责人，其中包括5个中类，16个小类，25个细类；第二大类为专业技术人员，其中包括14个中类，115个小类，379个细类；第三大类办事人员和有关人员，其中包括4个中类，12个小类，45个细类；第四大类为商业、服务业人员，其中包括8个中类，43个小类，147个细类；第五大类为农、林、牧、渔、水利业生产人员，其中包括6个中类，30个小类，121个细类；第六大类为生产、运输设备操作人员及有关人员，其中包括27个中类，195个小类，1119个细类；第七大类为军人，其中包括1个中类，1个小类，1个细类；第八大类为不便分类的其他从业人员，其中包括1个中类，1个小类，1个细类。本研究参考了上述分类方法，同时为了研究的方便，将第一大类简称为"公务人员"，将第五类简称为"农牧民"，将第六类简称为"工人"，从第二类细分出"教师、医生"两类，而将剩下的职业归为"其他"项。

占 44.7%、"一般"的占 39.7%、"很差"的占 13.3%。

表 3.7　　　　抽样学生的家庭社会经济背景

项目		频数	百分比	项目		频数	百分比
父亲的受教育水平	大学教育	47	5.9	母亲的受教育水平	大学教育	22	2.8
	高中教育	215	26.9		高中教育	144	18.0
	初中教育	340	42.6		初中教育	290	36.3
	小学教育	144	18.0		小学教育	246	30.8
	无	53	6.6		无	86	10.8
	缺失项	21	2.6		缺失项	11	1.4
	合计	799	100.0		合计	799	100.0
父亲职业	公务人员	20	2.5	母亲职业	公务人员	10	1.3
	农(牧)民	521	65.2		农(牧)民	557	69.7
	工人	107	13.4		工人	102	12.8
	教师	29	3.6		教师	20	2.5
	医生	11	1.4		医生	19	2.4
	其他	84	10.5		其他	79	9.9
	缺失项	27	3.4		缺失项	12	1.5
	合计	799	100.0		合计	799	100.0
家庭经济收入水平在当地地位	很差	106	13.3				
	较差	357	44.7				
	一般	317	39.7				
	较好	12	1.5				
	很好	1	0.1				
	缺失项	6	0.8				
	合计	799	100.0				

二 抽样学生所在学院、年级、专业特征

从表 3.8 所显示的抽样学生所在学院、年级、专业的特征来看，文科类学院的占比为 34%（此处主要是指文法、经管类，其中法学院占 6.6%、公共管理学院占 1.0%、管理学院占 10.3%、民族与社会学学院占 6.1%、外语学院占 2.0%、文学与新闻传播学院占 8.0%），艺术类学院占 8.5%，理工类学院占 57.1%（主要包括电子信息工程学院、化学与材料科学学院、计算机科学学院、生命科学学院、生物医学工程学院、数学与统计学院），缺失项占 0.4%。

表 3.8　抽样学生所在学院、年级、专业的特征

	项目	频数	百分比		项目	频数	百分比
学院	电子信息	44	5.5	专业	财务管理	5	0.6
	法学院	53	6.6		电气信息类	14	1.8
	公共管理	8	1.0		电子	10	1.3
	管理学院	82	10.3		动画	36	4.5
	化材院	24	3.0		法学	53	6.6
	计科院	95	11.9		工商管理	39	4.9
	美术学院	68	8.5		公共艺术	6	0.8
	民社院	49	6.1		光信息工程	6	0.8
	生命科学	138	17.3		国画	14	1.8
	生物医学	64	8.0		汉语言文学	36	4.5
	数统	91	11.4		化工	11	1.4
	外语	16	2.0		环境科学	13	1.6

续表

项目		频数	百分比	项目		频数	百分比
学院	文传院	64	8.0	专业	计科	44	5.5
	缺失项	3	0.4		劳动社会保障	3	0.4
	合计	799	100.0		旅游管理	4	0.5
年级	2007	94	11.8		民族学	44	5.5
	2008	175	21.9		人力资源	2	0.3
	2009	211	26.4		日语	10	1.3
	2010	319	39.9		社会学	5	0.6
	合计	799	100.0		生物工程	71	8.9
学费标准（单位：元/学年）	0	44	5.5		生物技术	67	8.4
	4500	238	29.8		生物医学	64	8.0
	5850	447	55.9		数统	91	11.4
	10000	70	8.8		外语	16	2.0
	合计	799	100.0		文传院	64	8.0
					缺失项	3	0.4
					合计	799	100.0

三 抽样学生所在专业签约率与学业成绩分布情况

就抽样学生学业成绩分布与就业前景而言，学生所在专业的签约率为"好""中""差"（签约率为85%及以上的专业视为"好"，签约率为65%及以下的视为"差"，中间段的视为"中"）的各占38.4%、21.3%、39.8%；学业成绩是按抽样学生在校期间各学年各门课程的平均成绩来计算的，然后根据学校教务系统中的学业成绩分类标准进行统计,得到学生学业成绩好、中、差的比重分别占 10.2%、83.5%、6.3%,如表 3.9 所示。

表 3.9　　　　抽样学生所在专业签约率与学业成绩

项目		频数	百分比	项目		频数	百分比
签约率	好	307	38.4	学业成绩	好	82	10.2
	中等	170	21.3		中等	667	83.5
	差	318	39.8		差	50	6.3
	缺失项	4	0.5		缺失项	0	0
	合计	799	100.0		合计	799	100.0

第四章 大学生对资助政策知晓度的计量分析

第一节 概念界定：资助政策知晓度

"知晓"的含义即知道、理解。"知晓度"一般包含三个层面：一是感知度，受众对信息传播的知道程度；二是理解度，是比感知度高的一个层面，揭示受众是否对信息有更深程度的理解，表现为受众对信息内容的赞许、同意等态度；三是支持度，受众是否按照信息本身的意图采取了相关行动，即是否产生了效益。倘若某项政策产生效益后，那么公众就会对其更加关注，更会有意识地获取相关政策信息。从广义的角度理解，资助政策知晓度是指公众（尤其是政策利益相关群体）对国家资助政策的内容、价值及其执行方式、落实途径等方面的了解、熟悉程度。从狭义的角度理解，资助政策知晓度是指在校大学生对现有的各类资助政策的了解程度，即对包括享受资助政策的对象和条件、资助额度、申请资助的程序等内容的了解程度。国家资助政策制定并颁布以后，只有当公众知晓时，他们才会有意识地去获取有益于自身的相关信息，才会对它更加关注并积极参与，从而有效推动资助政策目标的达成。

须指出的是，政策知晓与政策宣传是从两个不同的角度说的同一种事物。政策知晓是相对政策受众主体而言的，这里是从得到资助大学生的角度而言，政策宣传是从资助政策制定主体和执行主体的角度而言。大学生对资助政策知晓度越高，就说明资助政策宣传的力度越大。反之，要提高资助政策宣传的力度，就要提高潜在的获得资助者对资助政策的知晓水平。

在 H 民族大学的实际操作中，就是通过将财政部、教育部联合印制的《高等学校学生资助政策简介》宣传手册，H 民族大学《经济困难学生资助体系介绍》《新生家长指南》等相关材料随录取通知书一同发放，以便使新生及其家长更加全面详细地了解新资助政策体系的具体内容，但是，这种政策执行方式对于提高政策知晓度是否有效，还有待检验。总之，不管何种政策一旦离开政策的宣传，其效果必然大打折扣。在现行的资助政策中，除国家奖学金（但国家励志奖学金是以"助困"为前提的）外，其他所有的资助都具有"助困"性质，需要学生自愿向学校递交申请，还需要学生提交当地政府出具的家庭贫困的证明。如果最需要资助的学生不知晓这些资助政策，那么他们就无从提交申请，资助的款项也不会发到他们手中；相反，一些并非最贫困的学生可能因为了解资助政策而通过一定的渠道获取这些资助政策资源。

基于此，本研究认为资助政策知晓度是该政策执行效果评估的重要依据之一，因为它反映了资助政策执行中的信息传达效果。

第二节 研究假设

国外学者德夫林（Devlin，2003）研究表明，强调公众知晓的目的是为了提高公众对该制度和政策的理解。知晓是理解的第一步。政策知晓强调公众对政府某项政策的知道与了解，是一种定性描述的体现,而政策知晓度则是政策知晓的程度表现,主要衡量公众知晓多少,知晓到何种程度等,是一种定量考量。根据国内研究文献(吴庆,2005;李慧勤,2005),资助政策知晓度与学生部分个体特征之间(包括生源地、就读高中类型、民族、性别等)存在相关关系。本研究拟对以下基本假设进行验证:

假设 4.1:来自城市、重点高中、汉族的学生对具有"奖优"性质的赠与型资助政策[①]的知晓度会更高。

假设 4.2:家庭经济贫困、来自欠发达地区的学生对具有"助贫"性质的赠与型资助政策[②]的知晓度会更高。

上述假设的原因在于:同类研究发现,来自城市、重点高中、汉族的学生成绩相对较好,更有可能获得"奖优"性质的资助,所以更愿意了解该类政策;而家庭贫困、来自欠发达地区的学生,更符合"助贫"性质的资助的申请条件,所以对此类政策的了解度更高。此假设是基于对本类研究结果的归纳汇总,而并非严格的逻辑推理。

第三节 变量的选择

(1)被解释变量的选取

"资助政策知晓度"方面的被解释变量主要对应于调查问卷第四部分第1题:主要涉及国家奖学金政策、国家助学贷款政策、勤工俭学政策、助学金政策、生源地贷款政策等的被了解程度,数据为多分类有序("3=很清楚,2=知道,1=不知道")。

[①] 此处指国家奖学金、专业奖学金、国家励志奖学金。
[②] 勤工俭学政策、助学金、无息或贴息助学贷款。

（2）解释变量

根据理论研究及前文所做的各个层次变量的相关分析，再从相关分析综述表中选取相关的自变量为解释变量。这些自变量包括性别、学费标准、家庭经济收入水平在当地地位、学生就读的高中类型、父亲受教育水平、母亲受教育水平、生源地（对这些变量的编码详见下表以及附录的问卷）。

选取这些变量的理论依据是：

性别：女生可能对生活、学习费用较男生敏感，所以会对资助政策更了解。

学费标准：学费标准越高的学生可能更有动力去了解资助政策。

年级：高年级的学生由于在校时间较长，更有可能接触到资助政策的宣传。

家庭经济收入水平：越贫困的家庭可能对资助更有需求，从而更了解资助政策。

高中类型：各种具有"助贫"而非"奖优"性质的政策都对大一学生开放，所以学生曾就读的高中越好，资助政策的宣传工作就可能越好，学生在高中阶段就更可能得知资助政策。

父母受教育水平：教育水平越高的父母越有可能通过其他渠道（非学校直接的宣传）了解资助政策从而让子女更加了解。

生源地：农村家庭较城市家庭贫困，可能更有动力了解资助政策。

第四节　模型的设定

数据类型决定了一个研究所选择的模型和估计方法，本研究中"资助政策知晓度"方面的数据为多分类有序变量（"3 = 很清楚，2 = 知道，1 = 不知道"），决定了模型的非线性，估计方法应采用极大似然估计方法。因此，根据变量的特点和研究需要，本研究选择了多分有序变量模型。

具体形式为：

$$Y^* = \beta X + \mu$$

$$y_i = j \text{ 如果 } \alpha_{j-1} < y_i^* \leq \alpha_j$$

$$\begin{aligned} pr\left[y_i = j\right] &= pr\left[\alpha_{j-1} < y_i^* \leq \alpha_j\right] \\ &= pr\left[\alpha_{j-1} < \beta X_i + \mu_i \leq \alpha_j\right] \\ &= F(\alpha_j - \beta X_i) - F(\alpha_{j-1} - \beta X_i) \end{aligned}$$

其中，Y是被解释变量（"3 = 很清楚，2 = 知道，1 = 不知道"），X是表示影响因素（协变量）的向量，包括如性别、学费标准、年级、父母受教育水平、家庭经济收入水平在当地地位、就读的高中类型等；β为变量系数，而该协变量的边缘效应系数为$\exp(\beta)$，正的系数表示该变量促进了资助政策的知晓度，系数越大则表示知晓度越高。

在本研究中采用了一些包含多个虚拟变量的协变量，以学费标准为例说明其赋值情况：学费标准共有 0 元/学年、4500 元/学年、5850 元/学年、10000 元/学年四档，实际操作中，设 10000 元/学年为基准值，设三个虚拟变量"学费 4500 元/学年""学费 5850 元/学年""学费 10000 元/学年"。学费为 0 元/学年的学生这三个变量的赋值都为 0；学费为 4500 元/学年的学生的"学费 4500 元/学年"赋值为 1，其余皆为 0；"学费 5850 元/学年"与"学费 10000 元/学年"的学生以此类推。

各协变量的赋值情况如表 4.1 所示：

表 4.1　　　　　　　　　协变量的赋值

名称	性质	赋值
性别	虚拟变量	男 = 1，女 = 0
学费标准	虚拟变量（3）	学费标准为 10000 元/学年的为基准值，其他分别为"0 元/学年""4500 元/学年""5850 元/学年"
成绩	连续变量	上一学年的平均成绩，可能数值为 0—100 的整数
年级	虚拟变量（3）	2010 级为基准值，其他分别为"2007 级""2008 级""2009 级"
父母受教育水平	虚拟变量（4）	没有受过教育为基准值，其他分别为"大学""高中""初中""小学"
生源地	虚拟变量	城市 = 1，农村 = 0
不同民族	虚拟变量	汉族 = 0，少数民族 = 1
签约率	虚拟变量（2）	所在专业的签约率好为基准值，其他分别为"差""中等"
就读高中类型	虚拟变量（6）	乡镇中学为基准值，其他分别为"国家重点中学""省重点中学""市重点中学""市普通中学""县重点中学""县普通中学"
家庭经济收入水平在当地地位	虚拟变量（4）	家庭经济收入水平在当地地位很差为基准值，其他分别为"家庭经济收入水平在当地地位较差""家庭经济收入水平在当地地位一般""家庭经济收入水平在当地地位较好""家庭经济收入水平在当地地位很好"

如表 4.1 所述，尽管本章模型设定中并没有涉及"成绩"变量，但为了方便后面章节的分析，还是在此协变量的赋值表中

对"成绩"变量进行了说明,后面章节不再逐一说明了。

尤其需要指出的是,在 H 民族大学的专业院系设计里,学生就读的院系与学费标准存在较强的联系,从某种意义上可以反映学生及其家庭对学费的承受能力,进而会间接影响到学生对资助政策的参与程度,所以在本研究的四个维度的计量分析中均考虑了学费标准变量。一般说来,民族类的专业院系免费,文科类的专业院系学费标准为 4500 元,理工类的专业院系学费为 5850 元,艺术类的专业院系学费为 10000 元。在后续的研究结果中,学生所在的院系作为解释变量的回归结果大多不显著(尤其是当学费标准作为解释变量也不显著时),因此不予以采用。资助政策知晓度等因变量应该也与院系的类型、院系的执行者有关,但考虑到 H 民族大学由大学生资助中心统一负责组织政策的宣传,大学生资助中心对政策执行的干预程度较深而院系的影响力很小,这也是本研究没有考虑专业院系变量的主要原因之一。

第五节 回归分析结果

表 4.2　　　　　　　　资助政策知晓度回归结果

自变量		因变量						
		国家奖学金政策的知晓度	专业奖学金政策的知晓度	高校优秀学生奖学金政策的知晓度	国家助学贷款政策的知晓度	勤工俭学政策的知晓度	助学金政策的知晓度	生源地贷款政策的知晓度
学生性别	男	-0.118 (0.164)		-0.291 (0.147)	-0.032 (0.154)	-0.109 (0.151)	-0.294* (0.146)	

续表

自变量		因变量						
		国家奖学金政策的知晓度	专业奖学金政策的知晓度	高校优秀学生奖学金政策的知晓度	国家助学贷款政策的知晓度	勤工俭学政策的知晓度	助学金政策的知晓度	生源地贷款政策的知晓度
学费标准	0元/学年	0.302 (0.479)	-0.105 (0.421)	-0.506 (0.393)	0.260** (0.444)	0.758 (0.434)	0.506 (0.413)	-0.118 (0.423)
	4500元/学年	0.117 (0.320)	-0.179 (0.288)	0.281 (0.305)	0.553 (0.311)	0.951** (0.303)	0.924*** (0.285)	0.102 (0.301)
	5850元/学年	0.150 (0.294)	-0.198 (0.265)	0.200 (0.292)	0.590* (0.289)	0.722* (0.281)	0.594* (0.260)	-0.109 (0.283)
年级	2007	-0.352 (0.279)	-1.207*** (0.253)		-0.216 (0.253)	0.721** (0.252)	0.293 (0.244)	1.310*** (0.249)
	2008	-0.588** (0.222)	-1.863*** (0.212)		-0.549** (0.208)	0.203 (0.202)	0.393* (0.196)	1.015*** (0.201)
	2009	-0.667** (0.210)	-1.196*** (0.197)		0.117 (0.195)	0.636*** (0.193)	0.644*** (0.188)	0.641*** (0.187)
母亲受教育水平	大学	1.741* (0.544)			1.353 (0.618)	0.744 (0.542)		0.888 (0.522)
	高中	0.678* (0.302)			0.799* (0.324)	0.492 (0.290)		0.561* (0.286)
	初中	0.562* (0.265)			0.671* (0.288)	0.428 (0.258)		0.611* (0.254)
	小学	0.650* (0.269)			0.468 (0.280)	0.333 (0.260)		0.352 (0.255)

续表

自变量		因变量						
		国家奖学金政策的知晓度	专业奖学金政策的知晓度	高校优秀学生奖学金政策的知晓度	国家助学贷款政策的知晓度	勤工俭学政策的知晓度	助学金政策的知晓度	生源地贷款政策的知晓度
父亲受教育水平	大学				0.456 (0.545)			
	高中				0.159 (0.442)			
	初中				0.239 (0.423)			
	小学				0.109 (0.431)			
家庭经济收入水平在当地地位	很差				0.351 (2.123)	-0.676 (2.125)	0.364 (1.985)	-0.048 (2.018)
	较差				0.389 (2.115)	-0.206 (2.118)	0.487 (1.978)	-0.103 (2.011)
	一般				0.775 (2.110)	0.007 (2.114)	0.626 (1.978)	0.172 (2.007)
	较好				1.009 (2.152)	0.241 (2.159)	0.713 (2.050)	0.350 (2.050)

续表

自变量		因变量						
		国家奖学金政策的知晓度	专业奖学金政策的知晓度	高校优秀学生奖学金政策的知晓度	国家助学贷款政策的知晓度	勤工俭学政策的知晓度	助学金政策的知晓度	生源地贷款政策的知晓度
不同生源地	城市	0.606** (0.212)			0.728*** (0.191)	0.444* (0.185)		0.167 (0.182)
就读的高中类型	国家重点							-0.130 (0.773)
	省重点							-1.160* (0.496)
	市重点							-1.030* (0.491)
	市普通							-0.867 (0.523)
	县重点							-1.273** (0.490)
	县普通							-1.208* (0.518)
COX&SnellR^2		0.040	0.117	0.013	0.105	0.077	0.033	0.103
N		774	793	780	747	769	780	763

注：①* $P<0.1$；** $P<0.05$；*** $P<0.01$。②本表省略了各模型中的截距项和参照类。

表4.2中各模型的伪R^2值分别为0.040、0.117、0.013、0.105、0.077、0.033、0.103,其中除了因变量"高校优秀学生奖学金政策的知晓度"的回归分析结果略去,其余6个因变量的回归分析结果均被认为可以接受。[1] 回归结果的解释如下:

(1) "国家奖学金政策知晓度"的回归分析结果

计量回归结果显示:以学生性别中女生对国家奖学金政策的知晓度为参照,男生对应的回归系数为-0.118。[2] 在这里β系数度量了性别对知晓度可能性的影响,并且影响程度为$\exp(\beta)$,这与传统线性回归模型不同,本研究直接报告β初值(下同)。数据显示,性别、学费标准等解释变量对国家奖学金政策的知晓度的影响并不显著,而年级、母亲受教育水平、不同生源地等解释变量对国家奖学金政策的知晓度则存在着显著的影响。

以2010级学生对国家奖学金政策的知晓度为参照,2007级学生对应的回归系数为-0.352;2008级学生对应的回归系数为-0.588;2009级学生对应的回归系数为-0.667。这表明:相对于2010级而言,2007级、2008级、2009级学生对于国家奖学金政策的知晓度较低。仅对2007级、2008级、2009级进行对照可以看出,2009级的学生知晓度最低,2008级次之,2007级知晓度最高。由此我们可以推断,由于近年来国家对高等院校学

---

[1] 在微观计量经济学中大量的因素是不可观测和测量的,因此伪R^2值往往较小。在许多微观计量经济学的经典教科书中认为伪R^2值大于0.05时,其拟合度就可以接受了。甚至有学者认为,"在有定性因变量的模型中应尽量避免使用判定系数作为一种摘要统计量",转引自达摩达尔·N. 古扎拉蒂(Damodar. N. Gujarati)《计量经济学基础》(中文第四版),费剑译,中国人民大学出版社2005年版,第548页。

[2] 统计上认为p值大于0.05的情况下,没有充足的理由拒绝零假设,或者说影响较微弱。

生资助投入及宣传力度的不断加大，自 2010 年开始，学生对于国家奖学金等一系列资助政策的知晓度逐年提高，同时，也表明国家奖学金政策应有的激励效应呈扩大趋势。

以"母亲受教育水平为无"的学生对国家奖学金政策的知晓度为参照，母亲受过大学教育者对应的回归系数为 1.741；母亲受过高中教育者对应的回归系数为 0.678；母亲受过初中教育者对应的回归系数为 0.562；母亲受过小学教育者对应的回归系数为 0.650。这表明：母亲受过大学教育者对国家奖学金政策的知晓度最高，母亲受过高中教育者对国家奖学金政策的知晓度相对较高。

以来自农村的学生对国家奖学金政策的知晓度为参照，来自城市的学生对应的回归系数为 0.606。这表明：来自城市的学生对国家奖学金政策的知晓度较高。由此我们可以推断，由于城市的学生对相关信息的掌握相对来自农村的学生更容易一些，而且其对自身发展有益的相关信息也更敏感一些。

（2）"专业奖学金政策的知晓度"的回归分析结果

计量回归结果显示：学费标准的高低对民族院校本科学生专业奖学金政策知晓度的影响并不显著，年级的高低对民族院校本科学生专业奖学金政策知晓度的影响显著。

以 2010 级学生对专业奖学金政策的知晓度为参照，2007 级学生对应的回归系数为 -1.207；2008 级学生对应的回归系数为 -1.863；2009 级学生对应的回归系数为 -1.196。这表明：相对于 2010 级学生而言，2007 级、2008 级、2009 级学生对专业奖学金政策的知晓度较低。如果不考虑 2010 级学生，则剩下三个年级的学生中，2009 级对专业奖学金政策的知晓度最高，2007 级对专业奖学金政策的知晓度次之，2008 级对专业奖学金政策的知晓度最低。

(3)"国家助学贷款政策的知晓度"的回归分析结果

计量回归结果显示：性别、父亲的受教育程度、家庭经济收入水平在当地地位对国家助学贷款政策的知晓度的影响并不显著。学费标准、年级、母亲受教育水平、生源地对国家助学贷款政策的知晓度则存在着显著影响。

以"学费标准为10000元/学年"的学生对国家助学贷款政策的知晓度为参照，学费标准为0元/学年的学生对应的回归系数为0.260；学费标准为4500元/学年的学生对应的回归系数为0.553；学费标准为5850元/学年的学生对应的回归系数为0.590；这表明：学费标准为5850元/学年的学生对国家助学贷款政策的知晓度最高，学费标准为4500元/学年的学生对国家助学贷款政策的知晓度较高，学费标准为0元/学年的学生对国家助学贷款政策的知晓度较低，学费标准为10000元/学年的学生对国家助学贷款政策的知晓度最低。

以2010级学生对国家助学贷款政策的知晓度为参照，2007级学生对应的回归系数为-0.216；2008级学生对应的回归系数为-0.549；2009级学生对应的回归系数为0.117。这表明：2009级的学生对国家助学贷款政策的知晓度最高，2010级的学生对勤工俭学政策的知晓度次之，2008级的学生对国家助学贷款政策的知晓度最低。

以"母亲受教育水平为无"的学生对国家助学贷款政策的知晓度为参照，母亲受过大学教育对应的回归系数为1.353；母亲受过高中教育对应的回归系数为0.799；母亲受过初中教育对应的回归系数为0.671；母亲受过小学教育对应的回归系数为0.468。这表明：受过教育的母亲与没有或很少受过教育的母亲相比，所受教育程度越高对国家助学贷款政策的知晓度就越高。

以来自农村的学生对国家助学贷款政策的知晓度为参照，来自城市的学生对应的回归系数为 0.728。这表明：来自城市的学生对国家助学贷款政策的知晓度较高。

(4)"勤工俭学政策的知晓度"的回归分析结果

计量回归结果显示：性别、母亲受教育水平、家庭经济收入水平在当地地位对勤工俭学政策的知晓度的影响并不显著；学费标准、年级、生源地对勤工俭学政策的知晓度存在显著影响。

以"学费标准为 10000 元/学年"的学生对勤工俭学政策的知晓度为参照，学费标准为 0 元/学年的学生对应的回归系数为 0.758；学费标准为 4500 元/学年的学生对应的回归系数为 0.951；学费标准为 5850 元/学年的学生对应的回归系数为 0.722。这表明：学费标准为 4500 元/学年的学生对勤工俭学政策的知晓度最高，学费标准为 5850 元/学年的学生对勤工俭学政策的知晓度次之，学费标准为 10000 元/学年的学生对勤工俭学政策的知晓度最低。

以 2010 级学生对勤工俭学政策的知晓度为参照，2007 级学生对应的回归系数为 0.721；2008 级学生对应的回归系数为 0.203；2009 级学生对应的回归系数为 0.636。这表明：2007 级的学生对勤工俭学政策的知晓度最高，2009 级的学生对勤工俭学政策的知晓度次之，2010 级的学生对勤工俭学政策的知晓度最低。

以来自农村的学生对勤工俭学政策的知晓度为参照，来自城市的学生对应的回归系数为 0.444。这表明：来自城市的学生对勤工俭学政策的知晓度较高。

(5)"助学金政策的知晓度"的回归分析结果

计量回归结果显示:家庭经济收入水平在当地地位对助学金政策的知晓度的影响并不显著。性别、学费标准、年级等解释变量对助学金政策的知晓度存在显著影响。以女生对助学金政策的知晓度为参照,男生对应的回归系数为 -0.294。这表明:相对于女生,男生对助学金政策的知晓度较低。

以"学费标准为10000元/学年"的学生对助学金政策的知晓度为参照,"学费标准为0元/学年"的学生对应的回归系数为0.506;"学费标准为4500元/学年"的学生对应的回归系数为0.924;"学费标准为5850元/学年"的学生对应的回归系数为0.594。这表明:如果不考虑"学费标准为0元/学年"的学生,支付学费标准越高,学生对助学金政策的知晓度就越低。

以2010级学生对助学金政策的知晓度为参照,2007级学生对应的回归系数为0.293;2008级学生对应的回归系数为0.393;2009级学生对应的回归系数为0.644。这表明:2009级对助学金政策的知晓度最高,2008级对助学金政策的知晓度次之,2010级对助学金政策的知晓度最低。由此我们可以推断,国家对高等院校学生资助投入及宣传力度的不断加大,学生对于助学金等一系列资助政策更加知晓。但2010级新生由于入学时间较短,对相关资助政策的知晓度较低。

(6)"生源地贷款政策知晓度"的回归分析结果

计量回归结果显示:学费标准、家庭经济收入水平在当地的地位、生源地对生源地贷款政策的知晓度的影响并不显著。年级、母亲受教育水平、就读的高中类型对生源地贷款政策的知晓度存在着显著影响。

以2010级学生对生源地贷款政策的知晓度为参照,2007级学生对应的回归系数为 1.310；2008 级学生对应的回归系数为 1.015；2009 级学生对应的回归系数为 0.641。这表明：2007 级学生对生源地贷款政策的知晓度最高，2008 级学生对生源地贷款政策的知晓度次之，2009 级学生对生源地贷款政策的知晓度较低，2010 级学生对生源地贷款政策的知晓度最低。

以"母亲受教育水平为无"的学生对生源地贷款政策的知晓度为参照，母亲受过大学教育者对应的回归系数为 0.888；母亲受过高中教育者对应的回归系数为 0.561；母亲受过初中教育者对应的回归系数为 0.611；母亲受过小学教育者对应的回归系数为 0.352。这表明：一般来说，受过教育的母亲与没有或很少受过教育的母亲相比，所受教育程度越高者对生源地贷款政策的知晓度就越高。

以就读高中为乡镇中学的学生对生源地贷款政策的知晓度为参照，国家重点中学学生对应的回归系数为 -0.130；省重点中学学生对应的回归系数为 -1.160；市重点中学学生对应的回归系数为 -1.030；市普通中学学生对应的回归系数为 -0.867；县重点中学学生对应的回归系数为 -1.273；县普通中学学生对应的回归系数为 -1.208。这表明：就读高中为乡镇中学的学生对生源地贷款政策的知晓度最高；就读市普通中学的学生、就读市重点中学的学生、就读国家重点中学的学生、就读省重点中学的学生、就读县普通中学的学生对生源地贷款政策的知晓度依次降低；县重点中学的学生对生源地贷款政策的知晓度最低。由此我们可以推断，就读于乡镇中学的学生，较就读于其他学校的学生更知晓生源地贷款政策，说明这项具有针对性的资助政策在宣传方面取得了一定的实效。

第六节 主要结论和政策性含义

从资助政策知晓度的影响因素来看，我们可以得出以下几点结论：

（1）性别、学费标准对国家奖学金政策的知晓度的影响不显著，而年级、母亲受教育水平、不同生源地对国家奖学金政策的知晓度则存在着显著影响。由于近年来国家对高等院校学生资助投入及宣传力度的不断加大，2010年开始，学生对于国家奖学金资助政策更加知晓，从某种层面上来说，资助政策效应逐步被释放出来。总体上，母亲受教育程度越高者，学生对国家奖学金政策的知晓度就相对越高；来自城市的学生对国家奖学金政策的知晓度最高。相对于2010级学生而言，2007级、2008级、2009级学生对专业奖学金政策的知晓度较低。如果不考虑2010级学生，则2009级对专业奖学金政策的知晓度最高，2007级对专业奖学金政策的知晓度次之，2008级对专业奖学金政策的知晓度最低。

（2）学费标准对高校优秀学生奖学金政策知晓度的影响不显著，年级对民族院校本科优秀学生奖学金政策知晓度则存在显著影响，但并没随年级升高而增强。

（3）性别、母亲受教育水平、家庭经济收入水平在当地地位对勤工俭学政策的知晓度的影响并不显著；学费标准、年级、生源地对勤工俭学政策的知晓度则存在显著影响。学费标准最高的学生对勤工俭学政策的知晓度最低，学费标准为4500元/学年的学生对勤工俭学政策的知晓度最高，学费标准为0元/学年的学生对勤工俭学政策的知晓度次之。总体上看，年级越高的学生对勤工俭学政策的知晓度越高。来自城市的学生相比来自农村的学生对勤工俭学政策知晓度较高。

（4）家庭经济收入水平在当地地位对助学金政策的知晓度的影响并不显著。男生对助学金政策的知晓度比女生低。年级因素对助学金政策的知晓度具有显著影响，但并没随学生就读年级升高而增强。2009级对助学金政策的知晓度最高，2008级对助学金政策的知晓度次之，2007级学生对助学金政策的知晓度较低，2010级对助学金政策的知晓度最低。

（5）性别、父亲的受教育程度、家庭经济收入水平在当地地位对国家助学贷款政策的知晓度的影响并不显著。学费标准、年级、母亲受教育水平、生源地对国家助学贷款政策的知晓度则存在着显著影响。免学费专业的学生对国家助学贷款政策的知晓度最高，支付学费标准最高的学生对国家助学贷款政策的知晓度最低。一般来说，母亲受教育程度越高者，学生对国家助学贷款政策的知晓度就相对越高；来自城市的学生比来自农村的学生对国家助学贷款政策的知晓度高。2009级的学生对国家助学贷款政策的知晓度最高，2010级的学生对国家助学贷款政策的知晓度次之，2008级的学生对国家助学贷款政策的知晓度最低。

（6）学费标准、家庭经济收入水平在当地地位、生源地对生源地贷款政策的知晓度的影响并不显著。年级、母亲受教育水平、就读的高中类型对生源地贷款政策的知晓度则存在着显著影响。年级越高的学生，对生源地贷款政策的知晓度就越高。就读初中类型对生源地贷款政策知晓度存在显著影响，但并没随着高中办学层次水平上升而增强，相反原就读于省、县重点中学的学生的知晓度较低。

经验分析表明，上述实证结果的政策性含义在于：性别可能是影响资助政策知晓度的因素之一。一般来说，所需支付学费标准越高，学生就越不知晓各种资助政策，主要原因可能是这些学生家庭有能力来承担各种教育费用。由于性别、年级、收费标准、城乡等解释变量不同的学生群体，对资助政策知晓度存在较为显著的差异，这就要求政策制定者和相关部门在政策执行过程中，应该瞄准不同性别、年级的学生群体，采取差异化和多元化的资助政策宣传策略，尤其应该加大对欠发达地区农村学生的宣传力度。

第五章 大学生获得资助机会的计量分析

第一节 概念界定：获得资助机会

"机会"一词的基本解释即指具有时间性的有利情况。所谓获得资助机会，或称资助机会获取，是指在校大学生对现有的各类资助（如奖学金、助学金、勤工助学岗等）获得可能有利的情况或现实性。获得资助机会的多寡能够直接反映出学生资助政策在这一公共资源分配过程中的实然状况，它从某种侧面能够更加直观地呈现资助政策执行的效果。

有学者在对我国某些省份的实证研究中发现，"政府资助在很大程度上是按照政策制定者的目的进行分配的"（罗朴尚、宋映泉，2011）。大学中低收入家庭的学生获得国家助学金机会更大，而大学中低收入家庭的能力高的学生获得国家奖学金/国家励志奖学金的可能性更大；在将上述资助分配给个人时，不仅考虑学生的社会经济地位，也考虑高考成绩、性别和党员等因素；不同性别、不同家庭经济背景、父母教育程度不同、不同年级、不同专业类别的学生获得资助的机会不同（杨钋，2009）。有学者以北京大学为个案样本对该校学生资助与教育机会均等的关系进行了研究，结果发现：农村学生和家庭收入较低的学生获得了大部分的公共财政资助；随着家庭收入水平的提高，学生获得公共财政资助的概率降低。尽管学生资助指向了目标群体，但由于力度不够，与来自中、高收入家庭的学生相比，来自低收入家庭的学生的经济负担仍然非常大（哈巍，2002）。H 民族大学作为国家民委直属的民族院校，其每年招生计划中须保证 60% 以上的少数民族学生的名额，以达成少数民族高等教育招生优惠政策目标，而少数民族学生中存在相当比例的贫困学生。事实上，对同样贫困的在校大学生而言，获得资助的机会并不是均等的，如勤工助学岗往往与学生的社会交往能力有关。因此，本研究将"获得资助的机会"作为资助政策执行效果评估的一个重要维度之一。

第二节 研究假设

研究表明，我国城乡基础教育资源配置存在较大的非均衡性，优质教育资源越来越聚集于城市，导致了教育起点的不公平。有学者统计 1978—2005 年近 30 年间北京大学学生的家庭出身发现，1978—1998 年，来自农村的北大学子比例约占三成，20 世纪 90 年代中期开始下滑，2000 年至 2011 年，考上北大的农村子弟只占一成左右（刘云杉，2011）。也有学者在清华 2010 级学生中做的抽样调查显示，农村生源占总人数的 17%。当年高考，全国农村考生的比例是 62%（王斯敏等，2011）。学者杨东平主持的"我国高等教育公平问题的研究"课题组调研得出结论，我国国家重点大学里的农村学生比例自 20 世纪 90 年代开始不断滑落（杨东平，2011）。而且来自农村的、少数民族学生在社交能力、资源获取能力方面往往不如来自发达地区、汉族的学生。

基于上述情况，本研究拟对以下基本假设进行验证：

假设5.1：来自城市的学生，由于学业基础较好，更有可能获得国家奖学金。

假设5.2：在H民族大学，在同等的成绩下，少数民族的学生可能会更容易获得助学金和励志奖学金。

假设5.3：来自农村的少数民族学生比来自发达地区、汉族的学生获取勤工助学的机会更少。

上述假设的原因在于：同类研究发现，来自城市、重点高中、汉族的学生成绩相对较好，更有可能获得"奖优"性质的资助；少数民族的学生在民族大学可能由于我国少数民族高等教育招生优惠政策，在同等成绩的情况下，相对汉族学生更容易获得奖学金；来自农村的少数民族学生由于社交能力较不足，可能更难获得勤工助学的机会。此假设是基于对本类研究结果的归纳汇总，而并非严格的逻辑推理。

第三节 变量的选择

（1）被解释变量的选取

基于前文的研究设计，下面我们从资助机会这个维度来选择被解释变量。

"资助机会"方面的被解释变量主要对应于调查问卷第三部分第2、3、4题：

"您获得过奖学金吗？"（答案为"是"与"否"）、"您获得过助学金吗？"（答案为"是"与"否"）、"您参加校内勤工助学岗了吗？"（答案为"是"与"否"）。其变量类型为赋值0—1的二分变量。

(2) 解释变量

根据理论研究以及前文所做的各个层次变量的相关分析，从各个层次变量的相关分析综述表中选取与被解释变量相关的自变量为解释变量。这些自变量包括性别、学费标准、成绩、家庭经济收入水平在当地地位、就读高中类型、民族和生源地。

选取这些变量的理论依据是：

性别：男生和女生可能在社交能力上存在着差异。

学费标准：家庭贫困、达到申请资助标准的学生更可能选择学费水平较低的专业。

成绩：成绩越好的学生越容易获得"奖优"性质的资助。

家庭经济收入水平在当地地位：家庭经济收入水平越高的学生的社会交往能力可能越强。

就读高中类型：就读高中办学层次水平越高学生的社会交往能力可能越强。

民族：少数民族学生可能在申请资助方面能力不足。

生源地：农村学生可能相对城市学生在申请资助方面能力不足。

第四节 模型的设定

由于本研究的自变量属于二分变量，可通过 logit 和 probit 两种回归方法计算；而这两种方法计量出的结果极为近似，而且孰优孰劣并无定论，很多计量经济学方面的经典教科书上建议采用 logit 回归方法。因此，根据变量的特点和研究需要，本研究选择了二分变量逻辑回归模型。

具体形式为：

$$Y = \beta X + \mu$$

$$y_i \begin{cases} 1, & p_i \\ 0, & 1-p_i \end{cases}$$

$p_i \equiv pr\left[y_i = 1 \mid X_i\right] = \dfrac{e^{\beta X}}{1+e^{\beta X}}$。其中，$Y$ 是被解释变量（是否获得过奖学金、助学金，或参加过勤工俭学，是 = 1，否 = 0）。X 是表影响因素（协变量）的向量，包括虚拟变量如性别，学费标准，就读初中类型、年级，家庭经济收入水平在当地地位，就读的高中类型，学业成绩，是否为少数民族等，β 为变量系数。

各协变量的赋值见表 5.1。

第五节　回归分析结果

表 5.1　　　　　　　资助机会回归结果

自变量		因变量		
		是否获得奖学金	是否获得过助学金	是否参加了校内勤工助学岗
学生性别	男	0.473** (0.193)	0.285** (0.171)	0.411** (0.185)
学费标准	0 元/学年	0.715 (0.497)	2.764*** (0.508)	2.942*** (0.690)
	4500 元/学年	0.286 (0.328)	1.228*** (0.393)	1.722*** (0.622)
	5850 元/学年	-0.469 (0.309)	1.035*** (0.382)	1.572*** (0.615)
	10000 元/学年			

续表

自变量	因变量		
	是否获得奖学金	是否获得过助学金	是否参加了校内勤工助学岗
成绩	0.027** (0.015)	-0.013 (0.014)	
少数民族	0.582*** (0.171)	-0.332* (0.173)	-0.276 (0.185)
城市		1.004*** (0.188)	0.115 (0.216)
COX&SnellR²	0.058	0.088	0.042
R²			
N	734	756	729

注：* $P<0.1$；** $P<0.05$；*** $P<0.01$。

表5.1的回归结果显示：各模型的伪 R^2 值分别为0.058、0.088、0.042。对回归结果的解释如下：

(1)"奖学金获取机会"的回归分析结果

计量回归结果显示：学生性别、成绩和少数民族对"是否获得奖学金"存在着显著影响。男生、学习成绩和少数民族对"是否获得奖学金"有正向的影响，对应的回归系数分别为：0.473、0.027、0.582。上述结果还表明：学费标准分别为0元/学年、4500元/学年和5850元/学年的同学与学费标准为10000元/学年的同学相比，获得奖学金的机会并无显著差异。女生相对于男生，获得奖学金的机会较少；少数民族学生获得奖学金的机会比汉族学生多。

（2）"助学金获取机会"的回归分析结果

计量回归结果显示：性别、城市对获取助学金的机会有正向影响，对应的回归系数为 0.285、1.004。少数民族学生对获取助学金的机会有负向影响，对应的回归系数分别为 -0.332；学费标准低的学生获得助学金的机会相对学费标准高的学生更大。

（3）"校内勤工助学岗获取机会"的回归分析结果

计量回归结果显示：男生对"是否参加了校内勤工助学岗"有正向的影响，对应的回归系数分别为 0.411；学费标准低的学生获取勤工俭学的机会相对学费标准高的学生更大。而学生的学业成绩、生源地、民族对参加勤工助学岗则没有显著影响。

第六节 主要结论和政策性含义

通过对获得资助机会这一维度的计量回归分析，得出以下几点结论：

（1）从获得奖学金的机会来看，学费标准对是否获得奖学金的影响并不显著；男生相对于女生，获得奖学金的机会较多；少数民族学生获得奖学金的机会比汉族学生较多。

（2）从获取助学金的机会看，来自城市的学生比来自农村的学生获得助学金的机会相对较多，汉族学生比少数民族学生获得助学金的机会更多，男生相对于女生，获得奖学金的机会较多。

（3）就获取勤工助学岗的机会而言，随着不同专业缴纳学费水平的降低，学生参加勤工助学岗的机会就越多。

经验分析表明，上述实证结果的政策性含义在于：从资助机会获取的维度看，资助政策的内容不同，其执行效果就会有较大的差异，少数民族学生更容易获得奖学金的发放机会。然而，就助学金和勤工助学岗获取机会而言，来自农村的学生以及少数民族学生的机会相对较少，由于城乡二元分割、基础教育资源配置不均衡等制度性因素，导致这类学生文化基础较差、社交能力较弱，最终处于社会的相对不利地位。这些无疑与资助政策的初衷不相吻合，某种程度上，反映了现有的资助政策并未充分考虑到不同类型院校的特征，特别是民族院校的实际情况，在勤工助学岗等部分具有扶贫助困意义的资助项目上，没有更加凸显向来自农村的学生，特别是来自农牧区的少数民族学生做必要的倾斜。

第六章 大学生对资助政策满意度的计量分析

第一节 概念界定:资助政策满意度

"满意"的基本含义即指人们的意愿得到满足,符合心理要求等。"满意度"是指人们的实际感受与其期望值比较的程度。所谓资助政策满意度,是指大学生享受资助政策资源的实际感受与其期望值比较的程度。即资助政策满意度 = 实际感受/期望值。它主要体现在校大学生对现有的各类资助政策的主观感受和主观评价。该定义既体现了大学生享受资助政策资源的满意程度,又反映出政府和院校(政策制定主体和执行主体)在满足大学生(政策受益主体)需求方面的实际结果。满意是个相对的概念:超出期望值满意;达到期望值基本满意;低于期望值不满意。大学生在特定的院校学习环境中,通过其对资助政策特征的自我认知,确定实际所获得之价值与其预期所获得的价值之间的差距。差距越大,满意度越低;差距越小,满意度越高。

公共政策的公众满意度反映政策执行效果的公平性和回应度。"迄今为止,我国来自学界和政府的直接以'人民'的意见为依据、反映和分析公众对于公共教育服务是否满意、公众意见的影响因素的分析和讨论都十分缺乏。"(王蓉,2008)本研究所涉及的资助政策满意度实际反映了大学生对资助政策满足其需求或期望程度的认可和评价程度,是有资助需求的大学生能够察觉到资助政策执行效果的一种体现,因为大学生往往通过资助政策对其自身需求满足程度来获得资助信息,包括享受资助政策的条件、资助额度、申请资助的程序等内容。

基于此,本研究将大学生资助政策满意度作为一个非常重要的维度,纳入到资助政策执行效果评估模型中来。

第二节 研究假设

研究表明,强调公众作为公共服务主要接受者的地位,提出公众满意度应是政府提供公共产品和公共服务的基本导向,对政府绩效的评价需从公民的角度和价值选择出发(王君等,2010);有学者以"办人民满意的学校——一个关于中小学校的民众满意度调查"为题,直接以"人民"的意见为依据,探讨了公众对于公共教育服务是否满意,并对公众意见的影响因素进行了分析(王蓉,2008)。有鉴于此,本研究拟对以下基本假设进行验证:

假设6.1:高年级的学生由于获得资助的机会更多,对此类政策的满意度会更高。

假设6.2:城市、汉族学生由于获取机会更多,对此类政策会更满意。

上述假设的原因在于:同类研究发现,来自城市、汉族的学生成绩相对较好,交际能力也较强,更有可能获得各类资助,所以比较满意;高年级的学生在校时间较长,获得资助的机会也可能更多(尤其是奖学金限于二年级及以上的学生才有申请资格),所以也会比较满意。此假设是基于对本类研究结果的归纳汇总，而并非严格的逻辑推理。

第三节 变量的选择

（1）被解释变量的选取

基于前文的研究设计，下面我们从资助政策满意度这个维度来选择被解释变量。

"资助政策满意度"方面的被解释变量主要对应于调查问卷第四部分第 8 题，主要涉及对"奖学金、大学助学贷款、生源地贷款、勤工助学、助学金、减免学费"的满意度。该变量为1—7 的多分有序变量。

（2）解释变量

根据理论研究以及前文所做的各个层次变量的相关分析，从各个层次变量的相关分析综述表中选取与上述四个维度的被解释变量相关的自变量为解释变量。这些自变量包括家庭经济收入水平在当地地位、学生就读的高中类型、学费标准、年级和生源地。

选取这些变量的理论依据是：

家庭收入水平、生源地：如果来自贫困的农村家庭的学生满意度低于来自富裕的城市家庭的学生，则说明资助政策在制定或执行方面针对性不够。

高中类型：如果毕业于更好的高中的学生的满意度更高，则说明这类学生更容易获得资助。

学费标准：学费水平低的学生可能对某些政策更满意，尤其是减免学费的政策。

年级：由于奖学金不发放给大一的学生，高年级学生应对此政策满意度更高，同时，由于高年级学生对申请过程更了解，更容易从资助政策中收益，那么他们就有可能对资助政策更满意。

第四节 模型的设定

根据变量的特点和研究需要,本研究选择了多分有序变量模型。具体形式为:

$$Y^* = \beta X + \mu$$
$$y_i = j \text{ 如果 } \alpha_{j-1} < y_i^* \leq \alpha_j$$
$$\begin{aligned} pr[y_i = j] &= pr[\alpha_{j-1} < y_i^* \leq \alpha_j] \\ &= pr[\alpha_{j-1} < \beta X_i + \mu_i \leq \alpha_j] \\ &= F(\alpha_j - \beta X_i) - F(\alpha_{j-1} - \beta X_i) \end{aligned}$$

其中,Y是被解释变量(满意度从1到7,7为最高),X是表示影响因素(协变量)的向量,包括生源地、家庭经济收入、就读高中类型、年级、专业签约率、学费标准等,β为变量系数。

各协变量的赋值见表6.1。

第五节 回归分析结果

表6.1 资助政策满意度回归结果(一)

自变量		因变量			
		奖学金发放额度的满意度	奖学金发放过程满意度	助学贷款申请额度的满意度	助学贷款申请过程的满意度
家庭经济收入水平在当地地位	很差	-0.816 (1.848)		-0.419 (1.831)	-0.319 (1.837)
	较差	-0.777 (1.832)		-0.373 (1.820)	-0.280 (1.826)

续表

自变量		因变量			
		奖学金发放额度的满意度	奖学金发放过程满意度	助学贷款申请额度的满意度	助学贷款申请过程的满意度
家庭经济收入水平在当地地位	一般	−0.528 (1.829)		−0.329 (1.822)	−0.481 (1.826)
	较好	−0.347 (1.893)		−1.303 (1.979)	−0.875 (1.977)
就读的高中类型	国家重点			−0.301 (0.975)	−0.689 (1.180)
	省重点			0.006 (0.661)	−0.105 (0.600)
	市重点			−0.093 (0.660)	−0.471 (0.600)
	市普通			0.178 (0.695)	0.138 (0.635)
	县重点			−0.126 (0.656)	−0.191 (0.595)
	县普通			0.388 (0.686)	0.076 (0.623)
年级	2007	0.771* (0.341)	0.672* (0.336)		
	2008	−0.100 (0.295)	0.466 (0.294)		
	2009	−0.061 (0.282)	−0.103 (0.276)		

续表

自变量		因变量			
		奖学金发放额度的满意度	奖学金发放过程满意度	助学贷款申请额度的满意度	助学贷款申请过程的满意度
学费标准	0元/学年	0.811 (0.565)	1.716** (0.586)		
	4500元/学年	-0.676 (0.442)	-0.406 (0.375)		
	5850元/学年	-0.383 (0.379)	-0.239 (0.323)		
COX&SnellR²		0.094	0.083	0.013	0.018
N		356	356	413	402

注：*$P<0.1$；**$P<0.05$；***$P<0.01$。

表6.1的计量回归结果显示：各因变量对应模型的伪R^2值为0.094、0.083、0.013、0.018，表明模型均可以被接受，由于因变量"奖学金发放过程满意度""助学贷款申请额度的满意度""助学贷款申请过程的满意度"各自对应的模型的P值显示所有自变量对因变量的影响并不显著，所以此处只对因变量"奖学金发放额度的满意度"的回归结果进行解释。

（1）"奖学金发放额度的满意度"的回归分析结果

计量回归结果显示：家庭经济收入水平在当地地位、学费标准对奖学金发放额度的满意度并不显著。

以2010级学生对奖学金发放额度的满意度为参照，2009级

对应的回归系数为 -0.061；2008 级对应的回归系数为 -0.100；2007 级对应的回归系数为 0.771。这一结果表明，相对于 2010 级的学生而言，2009 级的学生对奖学金发放额度的满意度更低，而 2007 级的学生满意度最高。整体上，对奖学金的发放额度满意程度由高到低依次是 2007 级、2010 级、2009 级、2008 级的学生。

表 6.2　　　　　资助政策满意度回归结果（二）

自变量		因变量					
		勤工助学金发放额度的满意度	勤工助学的机会获取的满意度	助学金发放额度的满意度	助学金发放过程的满意度	减免学费的减免额度的满意度	减免学费的申请过程的满意度
不同生源地	城市	0.399* (0.194)					
家庭经济收入水平在当地地位	很差	0.227 (1.802)	0.185 (1.789)				
	较差	0.073 (1.796)	-0.119 (1.782)				
	一般	0.088 (1.794)	0.005 (1.782)				
	较好	-1.249 (1.927)	-1.322 (1.918)				

续表

自变量		因变量					
		勤工助学金发放额度的满意度	勤工助学的机会获取的满意度	助学金发放额度的满意度	助学金发放过程的满意度	减免学费的减免额度的满意度	减免学费的申请过程的满意度
就读的高中类型	国家重点	0.278 (0.910)			-2.458* (1.379)	-0.608 (1.551)	-22.351*** (0.000)
	省重点	0.295 (0.565)			-0.195 (0.605)	0.286 (0.925)	-0.187 (0.926)
	市重点	0.455 (0.562)			0.141 (0.602)	0.362 (0.933)	-0.392 (0.935)
	市普通	0.308 (0.597)			0.737 (0.657)	0.259 (1.005)	-0.069 (1.008)
	县重点	0.401 (0.562)			-0.187 (0.597)	0.151 (0.925)	-0.410 (0.925)
	县普通	0.129 (0.590)			0.309 (0.643)	0.120 (1.007)	-0.670 (1.015)
		0ᵃ			0ᵃ	0ᵃ	0ᵃ
年级	2007	-0.115 (0.273)	.0.001 (0.270)	-0.849* (0.337)	-0.833* (0.352)	0.605 (0.406)	0.768 (0.411)
	2008	-0.214 (0.210)	-0.314 (0.212)	-0.866*** (0.246)	-0.730** (0.255)	-0.281 (0.402)	0.105 (0.408)
	2009	-0.633** (0.203)	-0.533** (0.202)	-0.949*** (0.236)	-1.021*** (0.248)	-0.384 (0.370)	-0.157 (0.375)

续表

自变量		因变量					
		勤工助学金发放额度的满意度	勤工助学的机会获取的满意度	助学金发放额度的满意度	助学金发放过程的满意度	减免学费的减免额度的满意度	减免学费的申请过程的满意度
学费标准	0元/学年	0.919 (0.497)	1.028* (0.493)			2.237*** (0.668)	2.661*** (0.681)
	4500元/学年	-0.560 (0.317)	-0.610* (0.298)			-0.986 (0.613)	-0.683 (0.614)
	5850元/学年	-0.719* (0.295)	-0.700** (0.270)			-0.277 (0.553)	0.065 (0.558)
COX&SnellR²		0.081	0.069	0.059	0.117	0.316	0.357
N		548	544	366	356	205	201

注：* $P<0.1$；** $P<0.05$；*** $P<0.01$。

表6.2 的计量回归结果显示：各模型的伪 R^2 值为 0.081、0.069、0.059、0.117、0.316、0.357，表明上述模型可以被接受。在因变量分别为"减免学费的减免额度的满意度"和"减免学费的申请过程的满意度"的模型中，P 值显示所有自变量与因变量的影响并不显著，所以此处略去这两个因变量的回归结果解释，其他因变量的回归结果解释如下：

(1)"勤工助学金发放额度的满意度"的回归分析结果

计量回归结果显示：生源地对勤工助学金发放额度满意度有

显著影响，而家庭经济收入水平在当地地位、就读高中类型、年级、学费标准对勤工助学金发放额度满意度影响并不显著。

以生源地为农村的学生对勤工助学金发放额度满意度为参照，生源地为城市的对应回归系数为 0.399。这表明：相对于来自农村的学生而言，来自城市的学生对勤工助学金发放额度的满意度较高。因此，部分接受上述研究假设。

由此我们可以推断，导致这一回归结果的主要原因可能在于来自城市的学生生活经费较为宽裕，对勤工助学金额的需求也较低，而来自农村的学生家庭大多经济较为困难，对勤工助学的金额需求可能会更大。

（2）"勤工助学的机会获取的满意度"的回归分析结果

计量回归结果显示：家庭经济收入水平在当地地位、年级对勤工助学的机会获取的满意度影响并不显著。

以学费标准为 10000 元/学年的学生对勤工助学的机会获取的满意度为参照，学费为 0 元/学年的对应回归系数为 1.028；学费为 4500 元/学年的对应回归系数为 -0.610；学费为 5850 元/学年的对应回归系数为 -0.700。这一回归结果表明：相对于学费标准为 10000 元/学年的学生而言，学费标准为 0 元/学年的学生对勤工助学的机会获取的满意度更高，学费标准为 5850 元/学年的学生对奖学金发放额度的满意度最低，对勤工助学发放过程的满意程度由高到低排序依次是学费标准为 0 元/学年、10000 元/学年、4500 元/学年、5850 元/学年的学生。

（3）"助学金发放额度的满意度"的回归分析结果

计量回归结果显示：表 6.2 中的"助学金发放额度的满意度"的伪 R^2 值为 0.059，表明其可以被接受。同时也表明：年级对学生的助学金发放额度满意度存在着显著影响。

以2010级的学生对助学金发放额度的满意度为参照，2007级的对应回归系数为-0.849；2008级的对应回归系数为-0.866；2009级的对应回归系数为-0.949。这一回归结果表明：相对于2010级的学生而言，2009级的学生对助学金发放额度的满意度较低。对助学金发放额度的满意度由高到低排序依次是2010级、2007级、2008级、2009级的学生。

(4)"助学金发放过程的满意度"的回归分析结果

计量回归结果显示：就读高中类型对助学金发放过程的满意度影响并不显著，年级和签约率对助学金发放过程的满意度存在着显著影响。

以2010级的学生对助学金发放过程的满意度为参照，2007级的对应回归系数为-0.833；2008级的对应回归系数为-0.730；2009级的对应回归系数为-1.021。这一回归结果表明：对助学金发放过程的满意程度由高到低排序依次是2010级、2008级、2007级、2009级的学生。

第六节 主要结论和政策性含义

从资助政策满意度的影响因素来看，我们可以得出以下几点结论：

(1) 学费标准、家庭经济收入状况对奖学金发放额度的满意度影响并不显著。相对于2010级的学生而言，2009级的学生对奖学金发放额度的满意度较高。相对于2010级的学生而言，2007级的学生对奖学金发放过程的满意度较高。相对于"学费标准为 10000 元/学年"的学生而言，免收学费专业的学生对奖学金的发放过程满意度较高。

（2）家庭经济收入水平在当地地位、就读高中类型、年级和学费标准这些自变量对勤工助学金发放额度的满意度的影响并不显著。相对于来自农村的学生而言，来自城市的学生对勤工助学发放额度的满意度较高。

由此我们可以进一步推断，导致这一回归结果的原因在于来自城市的学生生活经费较为宽裕一些，对勤工助学金额的需求相对较低，而来自农村的学生家庭大多经济较为困难，对勤工助学的金额需求就会较大。

（3）家庭经济收入水平在当地地位、就读高中类型、年级这些自变量对勤工助学金发放过程的满意度的影响并不显著。支付学费标准不同的学生对勤工助学的机会获取的满意度由高到低依次是为 0 元/学年、10000 元/学年、4500 元/学年和 5850 元/学年的学生。

（4）对助学金发放额度的满意度由高到低依次为：2010 级、2007 级、2008 级、2009 级的学生。"就读高中类型"，除"国家重点"外，均对"助学金发放过程的满意度"的影响不显著。对助学金发放过程的满意度由高到低依次是 2010 级、2008 级、2007 级、2009 级的学生。

经验分析表明，上述实证结果的政策性含义在于：从资助政策执行效果的角度看，城乡之间的学生对资助政策的满意度方面存在着显著差异，城市学生比农村学生的满意度高。事实上，从另一个侧面反映了农村学生的资助需求数量和覆盖面较城市学生更大，而且农村学生的资助需求可能未得到有效满足。

第七章 资助政策对受资助大学生学业影响的计量分析

第一节 概念界定:受资助学生学业影响

"影响"的基本含义是指以间接或无形的方式来作用或改变人或事的行为、思想或性质。"学业"是指学习的课业。所谓受资助学生学业的影响,是指资助政策对受资助者以间接或无形的方式来作用或改变他们的学业行为、思想或观念,包括其专业选择、完成学业情况、学业水平的高低等方面的影响。不同资助形式的政策可能直接影响学生入校时和入校后的专业选择;资助政策的价值取向在于帮助大学生完成学业而不至于因为贫困而辍学;获得赠与型的资助可能激励大学生提高学业成绩水平,或者由于减轻了大学生的经济负担,从而使大学生将更多的精力投入到学业发展上。

资助政策的一个主要目的在于实现高等教育财政资源分配的公平性,以促进贫困大学生的学业发展。资助对大学生学业发展无论是正向的影响还是负向的影响,或是没有影响,均可作为衡量其参与高等教育过程公平与否的一个重要的标尺。因此,本研究将这一维度纳入评估模型中,是期望从大学生主观评价和客观学业结果层面来实证分析资助政策执行的效果问题。

第二节 研究假设

部分研究文献分析了大学生资助对个人学习行为、学业发展和成就的影响,以判断资助政策是否促进了教育过程和结果的公平。研究者发现,学生资助对个人学业发展存在一定影响,并得出"学生资助在一定程度上促进了教育过程和结果公平"的结论(杨钋,2009)。本研究拟对以下基本假设进行验证:

假设7.1:在专业选择方面的影响,免学费学生可能在选择专业时较少考虑资助政策,而学费中等的学生会更多考虑资助政策。

假设7.2:在资助政策对专业学习的影响方面,汉族、来自城市、高年级的学生由于获得资助的机会更多,资助政策对他们的专业学习的帮助也更大。

上述假设的原因在于:免学费学生和学费标准最高档的学生可供选择的专业较少,而学费标准中等的学生可选择专业较多,资助政策的资助额度相对学生的总支出也比较大,所以资助政策相对比较重要;而获得资助机会更多的学生会认为资助政策使得他们不必顾虑正常的学习生活支出,所以觉得资助政策对专业学习的帮助更大。此假设是基于对本类研究结果的归纳汇总,而并非严格的逻辑推理。

第三节 变量的选择

(1)被解释变量的选取

基于前文的研究设计,下面我们从资助政策执行效果(此处主要以资助对学生学业的影响来衡量）这个维度来选择被解释变量，主要包括以下两个方面的被解释变量。

一是"资助政策对学生学业的影响"方面的被解释变量，主要对应调查问卷第三部分第6题"您认为得到资助之后对您的帮助大小如何"以及第8题中"学生对当前资助方式的发放额度及过程满意度"。变量类型为多分有序变量（3=很大影响，2=有一定程度影响，1=没有太大影响，0=没有影响）。

二是通过到教务处的教务系统中调取2007级、2008级、2009级和2010级共四个年级学生在2008—2009学年度、2009—2010学年度、2010—2011学年度的学业成绩数据，然后计算出各年级学生每年成绩提高的百分比，作为学生学业成绩变化的被解释变量，变量类型为连续变量。

（2）解释变量

根据理论研究以及前文所做的各个层次变量的相关分析，从各个层次变量的相关分析综述表中选取与上述四个维度的被解释变量相关的自变量为解释变量。这些自变量包括学生就读的高中类型、家庭经济收入水平在当地地位、学费标准、年级、民族和生源地。

选取这些变量的理论依据是：

学费标准：贫困学生更容易受资助政策影响选择专业。

家庭收入：资助政策应对家庭收入低的学生完成学业帮助更大。

民族、生源地：农村、少数民族学生可能认为资助政策的帮助更大。

年级：高年级学生可能受资助更多，认为资助政策的帮助更大。

第四节　模型的设定

资助政策对大学生学业成绩的影响属于微观政策执行效果评估，其思路有两种：一是基于实验数据评估；二是基于非实验数据评估。

基于实验数据评估的基本方法是利用随机的方法将个体分配到参与组与控制组（申请但不批准参与方案的小组）。这样两组个体最终表现差异主要集中体现在参与和不参与到具体项目上，通过对两组数据的比较研究，进行政策执行效果评估。虽然这种方法在理论上具有很强的吸引力，并且国际上已经探索发展了一套较为完整的理论方法。但如何获取支撑这一理论方法的数据是关键所在，而且在实际实施过程中会存在很多具体的困难，因此该方法实际应用并不普遍。更具有启发意义的是，大部分的欧洲国家都未采用此种方法，而较多的采用基于非实验数据评估的方法来对政策执行效果进行评估。

本研究采用国际上通用的基于非实验数据评估办法，并通过抽样调查方法获得问卷数据和在相关管理部门提取管理数据，以实施资助政策执行效果评估。

本研究运用鲁宾因果模型来分析资助政策对学业成绩的影响。众所周知，每一项资助政策都有确切的目标。资助政策旨在帮助有资助需求的学生，使之能够顺利完成学业，促进公共教育资源分配公平。这样一项政策的成败应该根据实际结果来评价。资助政策的实际结果就是通过学生对政策过程与结果的主观满意度以及对学业发展的影响来充分体现的。在有关资助政策研究的文献中，政策的实际结果往往是观察个体的学业影响。但是，要评价这项政策的效率，观察者还必须知道同一个体倘若没有接受资助，可能对大学生的专业选择、政策满意度等方面的影响。这是问题的症结，因为仅凭大学生的学业成绩是无法观察到的。因此，评价政策执行效果所面临的一个基本问题就是：一个应得益于一项政策措施的个体——受试个体——如果没有享受到这项政策措施，会如何反应？

这种评价方法是基于"潜在结果"的概念之上的，并且应该归功于费雪（Fisher，1935）和鲁宾（Rubin，1972）等。关于这个微观政策效果评估的研究文献一般都会提到鲁宾因果模型（Rubin Casual Model）。鲁宾因果模型是一种专门用来估计"潜在结果"的模型，例如在评估过程中我们主要关注的效果是对于同一个体参与项目与不参与项目的差别，事实上对同一个体而言参与项目和不参与项目只有一种可能发生，那么其中一种情况就被称为潜在情况，两种情况之间的差异被称为潜在结果差异。

具体模型如下：

$$Y_i = \begin{cases} Y_i^1 \text{ if } D_i = 1 \\ Y_i^0 \text{ if } D_i = 0 \end{cases}$$

其中 Y_i^1 表示参加项目观察结果，Y_i^0 表示未参加项目观察结果。国外学者鲁宾（Rubin）把因果效应定义如下：$D_i = Y_i^1 - Y_i^0$，代表了第 i 个单位的效应变化。这个公式提供了因果推断的理论模型。鲁宾曾举过一个很有名的例子：一个人头疼，于是他吃阿司匹林，然后头不疼了。究竟是不是阿司匹林治好了他的头疼呢？我们不知道，因为这个人的状态永远无法被恢复到吃阿司匹林之前的样子了。所以我们也无法精确计算出反事实效果①（counterfactual effect）。这就是所谓在因果推断中的根本性难题（fundamental problem）。在鲁宾因果模型的框架下已经发展出一套统计技术用以近似地对"潜在结果"进行估计的方法。

本研究定义 $D=1$ 代表享受资助，$D=0$ 代表不享受资助；对同一个体假设有两个观察结果（Y_i^1，Y_i^0），例如 Y 可以用来表示学业成绩、就业质量等。其中 Y_i^1 代表个体 i 享受资助后的结果；Y_i^0 代表个体 i 不享受资助的结果；$\Delta_i = Y_i^1 - Y_i^0$ 代表个体 i 享受资助与不享受资助政策所产生的效果差异。社会科学中同一个体不可能同时出现 Y_i^1 和 Y_i^0，因此不能观察和测量 $\Delta_i = Y_i^1 - Y_i^0$ 这被 Holland（1986）称为因果推断的基础性问题。在本研究中，我们只能观察某一个得到资助的大学生的学业成绩，而不能观察到其如果没有得到资助时的成绩。

针对该问题产生了很多有效的估计量来测量 $\Delta_i = Y_i^1 - Y_i^0$，本研究将充分吸收和借鉴国外一些做法，来评估享受资助与不享受资助政策所产生的效果差异。

为了理论上处理的方便，用 $\Delta_i = Y_i^1 - Y_i^0$ 代表同一个体享受资助与不享受资助政策所产生的成绩提高与否的差异，则 $\tau_p = E[\Delta_i]$ 就是总体平均处理差异。采用类似于（Blundell&Costa Dias, 2002）的方法，我们将 $\tau_p = E[\Delta_i]$ 这个在现实中很难估计的问题转化成回归模型参数估计问题，该方法部分地解决了因果推断的基础性问题。回归模型方法是政策效果评估中的主要方法

---

① 反事实（counterfactual）的本质意思是指在实际生活中，某些情况并未发生，即与"事实"相反，在哲学和统计学界，有很多学者就是借用这个问题来探索事物发生的原因。

(Marco, 2006)。

$$Y_i = D_i Y_i^1 + (1 - D_i) Y_i^0$$

定义如下方程:

$$Y_i^1 = g^1(x_i) + U_i^1$$

$$Y_i^0 = g^0(x_i) + U_i^0$$

$$\Delta_i(x)_i = Y_i^1 - Y_i^0 = [g^1(x_i) - g^0(x_i)] + [U_i^1 - U_i^0]$$

$$\begin{aligned} Y_i &= D_i Y_i^1 + (1 - D_i) Y_i^0 \\ &= D_i [g^1(x_i) + U_i^1] + [1 - D_i][g^0(x_i) + U_i^0] \\ &= g^0(x_i) + D_i [g^1(x_i) - g^0(x_i) + U_i^1 - U_i^0] + U_i^0 \\ &= g^0(x_i) + \Delta_i(x_i) D_i + U_i^0 \\ &= g^0(x_i) + \tau_p D_i + [U_i^0 + D_i(U_i^1 - U_i^0)] \end{aligned}$$

$$[g^1(x_i) - g^0(x_i) + U_i^1 - U_i^0] = \Delta_i(x_i)$$

$$\tau_p = E[\Delta_i(x_i)] = g^1(x_i) - g^0(x_i)$$

$\tau_p = E[\Delta_i]$ 就是估计即总体平均处理差异。以上推导的简化形式为

$$Y = X\beta + \tau_p D + \varepsilon$$

其中 Y 是结果变量, X 是影响结果变量的一些可观测变量, 例如性别、民族等。运用控制变量主要是利用了回归模型的实验特性, 回归系数反映的是其余变量不变, 关注的变量发生改变对结果变量的影响。在本研究中我们主要是期望估算平均而言个体享受资助与不享受资助政策所产生的效果差异, 通过控制其余变量近似做到"同一个人"的要求, 这也是主流政策执行效果评估方法的思路之一; ε 是不可观测解释变量。

由于术研究的主题不局限于是否获得资助这类的选择问题, 且涉及资助政策影响度评估的多分类有序变量和学业成绩等定距

变量,因此单一的普通的二元离散被解释变量模型(如二分变量逻辑回归模型等)和标准的多元线性回归模型的适用性已经降低,根据变量的特点和研究需要,本研究选择了经典多元线性回归模型、二分变量逻辑回归模型、多分有序变量模型三种模型。

因变量分别为"资助政策对专业选择的影响"和"资助政策对完成学业的影响"的模型具体形式如下:

$$Y^* = \beta X + \mu$$
$$y_i = j \text{ 如果 } \alpha_{j-1} < y_i^* \leq \alpha_j$$
$$\begin{aligned} pr[y_i = j] &= pr[\alpha_{j-1} < y_i^* \leq \alpha_j] \\ &= pr[\alpha_{j-1} < \beta X_i + \mu_i \leq \alpha_j] \\ &= F(\alpha_j - \beta X_i) - F(\alpha_{j-1} - \beta X_i) \end{aligned}$$

其中,Y是被解释变量(3 = 很大影响,2 = 有一定程度影响,1 = 没有太大影响,0 = 没有影响),X是表示影响因素(协变量)的向量,包括不同民族、生源地、家庭经济收入、就读高中类型、年级、专业签约率、学费标准等,为变量系数。

因变量分别为"资助政策对专业学习是否有帮助"和"贫困生在受资助后学习成绩是否有所提高"的模型具体形式如下:

$$Y = \beta X + \mu$$
$$y_i = \begin{cases} 1, & p_i \\ 0, & 1 - p_i \end{cases}$$

$p_i \equiv pr[y_i = 1 \mid x_i] = \dfrac{e^{x'\beta}}{1 + e^{x'\beta}}$。其中,$Y$是被解释变量(对学业有帮助、学习成绩有提高 = 1,没有 = 0),X是表影响因素(协变量)的向量,包括不同民族、生源地、家庭经济收入在当地地位、就读高中类型、年级、专业签约率、学费标准等，β 为变量系数。

因变量分别为 2008—2009 学年度、2009—2010 学年度、2010—2011 学年度的学业成绩提高幅度的模型具体形式如下：

$$Y = X\beta + \tau_p D + \varepsilon$$

其中 Y 是结果变量（成绩提高的百分比），X 是影响结果变量的一些可观测变量，例如：性别、民族等，$D = 1$ 代表享受资助，$D = 0$ 代表不享受资助；$\tau_p = E[\Delta_i]$ 测量的是享受资助与不享受资助政策所产生的效果差异。

各协变量的赋值见表 7.1。

第五节 回归分析结果

表 7.1　资助政策对大学生学业影响的回归结果

自变量		因变量						
		资助政策对专业选择的影响	资助政策对专业学习是否有帮助	贫困生在受资助后学习成绩是否有所提高	资助政策对完成学业的影响	2008—2009学年度成绩提高幅度	2009—2010学年度成绩提高幅度	2010—2011学年度成绩提高幅度
不同民族	汉族	-0.390*** (0.006)				0.293 (0.630)	0.019 (0.475)	0.297 (0.406)
不同生源地	城市		0.193 (0.173)	0.100 (0.156)	0.610*** (0.170)	0.141 (0.623)	0.009 (0.512)	-0.325 (0.432)

续表

自变量		因变量						
		资助政策对专业选择的影响	资助政策对专业学习是否有帮助	贫困生在受资助后学习成绩是否有所提高	资助政策对完成学业的影响	2008—2009学年度成绩提高幅度	2009—2010学年度成绩提高幅度	2010—2011学年度成绩提高幅度
家庭经济收入水平在当地地位	很差	1.225 (1.988)	-2.729 (1.862)	-1.383 (2.117)	-0.989 (1.954)			
	较差	1.360 (1.983)	-2.463 (1.855)	-0.792 (2.112)	-0.182 (1.947)			
	一般	1.624 (1.982)	-1.616 (1.852)	-0.596 (2.111)	0.522 (1.946)			
	较好	2.417 (2.048)	-0.388 (1.915)	-0.496 (2.149)	2.710 (2.012)			
就读的高中类型	国家重点			0.485 (0.669)				
	省重点			-0.313 (0.428)				
	市重点			-0.518 (0.424)				
	市普通			-0.877 (0.459)				
	县重点			-0.619 (0.423)				
	县普通			-0.837 (0.450)				

续表

自变量		因变量						
		资助政策对专业选择的影响	资助政策对专业学习是否有帮助	贫困生在受资助后学习成绩是否有所提高	资助政策对完成学业的影响	2008—2009学年度成绩提高幅度	2009—2010学年度成绩提高幅度	2010—2011学年度成绩提高幅度
年级	2007		0.672** (0.005)	0.299 (0.214)	0.647** (0.006)			
	2008		0.288 (0.045)	0.348* (0.168)	0.281 (0.036)			
	2009		0.376* (0.043)	0.545** (0.157)	0.411* (0.025)			
学费标准	0元/学年	-0.730 (0.060)		-0.730 (0.407)		0.433 (0.420)	0.059 (0.258)	-0.904*** (0.215)
	4500元/学年	0.620* (0.032)		0.115 (0.280)				
	5850元/学年	0.796** (0.004)		0.027 (0.269)				
签约率	差	0.012 (0.175)	-0.254 (0.166)		-0.285 (0.164)			
	中等	-0.035 (0.199)	-0.034 (0.195)		0.018 (0.192)			

续表

自变量	因变量					
	资助政策对专业选择的影响	资助政策对专业学习是否有帮助	贫困生在受资助后学习成绩是否有所提高	资助政策对完成学业的影响	2008—2009学年度成绩提高幅度	2009—2010学年度成绩提高幅度	2010—2011学年度成绩提高幅度
学生性别＝男					1.035 (0.688)	0.255 (0.472)	1.219** (0.386)
你获得过奖学金吗					－0.003 (0.729)	0.506 (0.474)	0.372 (0.393)
你获得过助学金吗					1.014 (0.827)	－0.866 (0.551)	0.238 (0.430)
R^2	0.055	0.091	0.054	0.140	0.102（调整R^2）	0.067（调整R^2）	0.069（调整R^2）
N	770	771	778	777	175	211	319

注：* $P<0.1$；** $P<0.05$；*** $P<0.01$。

表7.1的计量回归结果显示：上述各模型的伪 R^2 值为0.055、0.091、0.054、0.140、0.102、0.067、0.069，表明均可以被接受。贫困生在受资助后学习成绩是否有所提高、2008—2009学年度成绩提高幅度、2009—2010学年度成绩提高幅度、2010—2011学年度成绩提高幅度这四个因变量对应的回归模型的P值显示所有自变量对因变量的影响并不显著，所以此处略去这四个因变量的回归结果解

释，可得出结论：获得资助与否并不能直接提高学生的成绩。其他因变量的回归结果如下：

(1)"资助政策对专业选择的影响"的回归分析结果

计量回归结果显示：资助政策对家庭经济收入和签约率不同学生的专业选择影响并不显著。

以资助政策对少数民族的学生专业选择影响为参照，汉族的学生对应的回归系数为-0.390。这一回归结果表明：相对于少数民族的学生而言，资助政策对汉族学生的专业选择影响程度较低。这与我们前面的理论分析是一致的。

以资助政策对学费标准为10000元/学年的学生的专业选择的影响为参照，学费标准为5850元/学年的学生对应的回归系数为0.796；学费标准为4500元/学年的学生对应的回归系数为0.620；学费标准为0元/学年的学生对应的回归系数为-0.730。这一结果表明，相对于学费标准为10000元/学年的学生而言，资助政策对学费标准为5850元/学年、4500元/学年的学生的专业选择有显著的影响。回归结果表明，资助政策对学费标准为0元/学年的学生专业选择影响最小，资助政策对学费标准为4500元/学年的学生专业选择影响次之，而资助政策对学费标准为5850元/学年的学生专业选择影响较大。

(2)"资助政策对专业学习是否有帮助"的回归分析结果

计量回归结果显示：生源地、家庭经济收入水平、签约率对因变量的影响并不显著。

以资助政策对2010级的学生的专业学习是否有帮助为参照，2009级的学生对应的回归系数为0.376；2008级的学生对应的回归系数为0.288；2007级的学生对应的回归系数为0.672。这一回归结果表明：相对于2010级学生而言，资助政策对2009级、2008级、

2007级学生的专业学习的帮助更大。回归结果表明，资助政策对2007级学生的专业学习的帮助最大，对2009级学生的专业学习的帮助次之，对2008级学生的专业学习的帮助最小。这与我们前面的理论分析是一致的。

(3)"资助政策对完成学业影响"的回归分析结果

计量回归结果显示：家庭经济收入和签约率这两个自变量对因变量的影响并不显著。

以资助政策对农村学生完成学业的影响为参照，来自城市学生的对应回归系数为0.610。这一回归结果表明：相对于来自农村的学生而言，资助政策对来自城市的学生完成学业的影响较大。

以资助政策对2010级学生完成学业的影响为参照，2009级的学生对应的回归系数为0.411；2008级学生对应的回归系数为0.281；2007级学生对应的回归系数为0.647。这一回归结果表明：相对于2010级的学生而言，资助政策对2009级、2008级、2007级的学生完成学业的影响更大。回归结果表明，资助政策对2007级学生完成学业的影响最大，对2009级学生完成学业的影响次之，对2008级学生完成学业的影响最小。

第六节　主要结论和政策性含义

从影响"资助政策对学生学业的影响"的主要因素来看，我们可以得出以下几点结论：

(1) 家庭经济收入水平在当地地位和签约率这两个自变量对"资助政策对学生专业选择影响"的作用并不显著。相对于少数民族的学生而言，资助政策对汉族学生的专业选择的影响程度较低；资助政策对免学费学生的专业选择影响最小；对学费标准为4500元/

学年的学生的专业选择影响较小，而资助政策对学费标准为5850元/学年的学生的专业选择影响较大。

（2）生源地、家庭经济收入水平在当地地位、签约率对"资助政策对专业学习是否有帮助"的影响并不显著。相对于2010级的学生而言，资助政策对2007级和2009级学生专业学习的帮助更大。一般来说，资助政策对2007级学生的专业学习的帮助最大。这与我们前面的理论分析是一致的。

（3）签约率、家庭经济收入水平在当地地位对"资助对学生完成学业的影响"这一因变量的影响并不显著。相对于来自农村的学生而言，资助政策对来自城市的学生完成学业的影响较大。家庭经济收入状况越好，资助政策对学生完成学业的影响越大。从年级上看，资助政策对2007级学生完成学业的影响最大，对2009级学生完成学业的影响次之，对2010级学生完成学业的影响最小。

（4）获取奖学金、助学金与否并不能直接提高学生的成绩。经验分析表明，上述结论的政策性含义在于：由于H民族大学实行免费的专业是相对冷门的民族学专业，就读这一专业的学生绝大部分是少数民族学生，资助政策对免学费学生的专业选择影响最小。结果表明：与免除学费政策相比，现有的其他资助政策对少数民族学生缺乏吸引力，从另一个角度反映出资助政策对少数民族学生的专业选择机会不公平的改善极其有限。同样，上述结论也从一定程度反映了资助政策对不同支付学费标准的学生专业选择机会不公平的改善意义不大。另外，从资助政策对学生学业的影响分析表明，从学生学业发展的角度看，资助政策对城乡之间的学生参与高等教育的结果公平并无明显促进。

第八章 结 论

对大学生资助政策执行效果评估进行实证研究，是理解当前高等教育财政资源优化配置的一个重要切入点。已有研究文献多用定性的方法去阐释这一问题，鲜有采用计量分析的方法。虽然有部分计量分析的研究成果，但它们大多集中于"贷予型"资助政策问题的研究，重点解决学生参与高等教育公平的"入口机会"与"选择性"问题。与上述研究不同，本研究主要关注"赠与型"和"以工代赈型"资助政策执行效果，以 H 民族大学为个案，采用微观计量分析的方法，对该校大学生资助政策执行效果进行了计量分析，并对其政策含义展开了讨论。本章包括研究发现、研究贡献、实践含义、研究局限及未来研究的努力方向等几个方面的内容。

第一节 研究发现

本研究主要采取了问卷调查的方式，获得了第一手的 H 民族大学大学生对资助政策执行效果主观评价数据，与此同时，在分析资助政策对大学生学业成绩影响时使用了客观的管理数据，报告了 H 民族大学大学生对资助政策知晓度、获得资助机会、资助政策满意度以及资助对受资助大学生学业影响等计量分析结果。

从大学生对资助政策知晓度的影响因素看，计量回归结果显示：样本学生的性别、年级、学费收费标准、城乡之间等方面与资助政策知晓度之间相关，且存在着较为显著的差异。特别是，女生总体来说比男生更能够知晓各种资助政策；所需支付的学费标准越高，学生总体来说越不知晓各种资助政策，主要原因可能是这些学生家庭有能力支付各种教育费用。此外，来自城市的学生总体来说比来自农村的学生更能够知晓各种资助政策。

从大学生获得资助机会的影响因素看，计量回归结果显示：样本学生的民族、学业成绩、城乡之间等方面与获得资助机会之间相关，且存在着较为显著的差异。少数民族学生获得奖学金的机会比汉族学生获得奖学金的机会要多一些；但当我们控制了学生的学业成绩后，在覆盖面较大、更具有扶贫意义的助学金获取机会方面，少数民族学生的获得机会更少，而来自农村的学生比来自城市的学生获得助学金的机会相对更少一些。随着所需支付的学费标准越高，学生获得勤工助学岗的机会反而更大一些。

从资助政策满意度的影响因素来看，计量回归结果显示：学费标准、家庭经济收入状况对奖学金发放额度的满意度影响并不显著。家庭经济收入水平在当地地位、就读高中类型、年级和学费标准这些自变量对勤工助学金发放额度的满意度的影响并不显著。由此我们推断，导致这一回归结果的原因在于来自城市的学生生活经费较为宽裕一些，对勤工助学金额的需求相对较低，而来自农村的学生家庭大多经济较为困难，对勤工助学的金额需求就会较大。家庭经济收入水平在当地地位、就读高中类型、年级这些自变量对勤工助学金发放过程的满意度的影响并不显著。经验分析表明，上述实证结果的政策性含义在于：从资助政策执行效果的角度看，不同生源地的学生对资助政策的满意度存在着显著差异，城市学生比农村学生的满意度高。事实上，从另一个侧面反映了农村学生的资助需求数量和覆盖面较城市学生更大和更广，而且农村学生的资助需求可能未得到有效满足。

从资助政策对受资助大学生学业影响的角度看，计量回归结果显示：通过对学生专业选择以及学业影响方面的分析表明，相对于少数民族的学生而言，资助政策对汉族学生的专业选择影响程度更低；城市的学生比农村的学生更能够从资助政策中获益；获取奖学金、助学金与否并不能直接提高学生的成绩；资助政策从学业发展的角度对城乡之间学生参与高等教育的结果公平并无明显改善。

从实证研究的整体来看，计量回归结果更为显著地表明：在资助政策执行效果方面，一般来说，来自城市的学生比来自农村的学生更容易获得优势。女生虽然比男生更容易知晓各种政策，但是她们获得资助的机会，并不如男生。另外，少数民族学生比汉族学生更难获得勤工助学岗的机会，由于 H 民族大学在招生政策上的特殊性，这很有可能是因为少数民族学生在语言交流和文化背景上与汉族学生之间存在差异。这些发现提醒我们，在资助政策执行效果这一问题上，可能存在一些显著的组间差异。

第二节 研究贡献

总的来说，本研究试图做出以下几点贡献：

（1）本研究以教育公平理论为基础，结合大学生资助政策在我国民族院校执行的实际，通过"解剖麻雀"，对 H 民族大学在资助政策执行效果层面进行了微观计量分析研究。这在同类研究中理论上具有一定的探索性价值。

（2）本研究采用微观计量单位分析，选择了资助政策执行效果评估的两个层面（即资源分配和资助效果），并划分资助政策知晓度、获得资助机会、政策满意度以及资助政策对受资助学生学业成绩的影响四个维度，在此基础上构建了资助政策执行效果评估指标体系。这在同类研究中内容上具有一定的新意。

（3）本研究综合运用了二分变量逻辑回归模型、多分有序变量模型、经典多元回归模型等计量分析工具，对 H 民族大学在大学生资助政策执行效果层面进行了计量分析。其中，在分析资助政策对大学生学业成绩影响时运用了鲁宾因果模型（Rubin Casual Model），均对计量分析的主要结论和政策性含义进行了讨论。这为同类研究在方法论上提供了微观计量分析的新视角。

（4）本研究针对大学生资助政策目标在 H 民族大学的瞄准与偏离状况，提出应结合民族院校的实际，调整各类资助政策的目标定位，加大各类资助政策的宣传力度；对于不同类型的院校、不同特征的学生，应当建立"分层瞄准、差别资助"制度，完善资助资金的分配机制，构建"双助"对接瞄准机制；建立资助政策执行效果监测评估系统，实行"跟踪问效"等相关政策建议，具有较强的现实意义。

（5）本研究对 H 民族大学在资助政策执行效果层面进行计量分析，其结果显示，无论是政策知晓度、获得资助机会、政策满意度还是资助政策对受资助学生学业成绩影响程度，都存在着一些明显的组间差异。经验分析表明：一般来讲，不同资助类型的获取机会存在明显差异。在奖学金的获取方面，H 民族大学基本上达到了预定目标；就助学金和勤工助学岗获取机会而言，来自农村的学生，以及少数民族学生的机会相对较少；少数民族学生获得奖学金的机会比汉族学生要多。这从一定程度上反映了现有的资助政策并未充分考虑到不同高校办学类型、办学层次，特别是民族院校的实际情况。资助政策满意度方面的实证结果表明，H民族大学来自农村学生的资助需求更大，而且农村学生的资助需求并未得到有效满足。与民族大学少数专业的免费政策相比，现有的其他资助政策对少数民族学生的专业选择机会不公平的改善极其有限，从学生学业发展的角度看，资助政策对城乡之间学生参与高等教育的结果公平并无显著改善。

第三节 实践含义

本研究对实证分析结果做出的较为系统的、全面的解释，对民族院校的大学生资助管理乃至政策实践有多种含义。

（1）结合民族院校的实际，调整各类资助政策的目标定位，加大各类资助政策的宣传力度。研究表明：往往家庭经济背景好的学生对政策知晓度相对较高，而少数民族学生和家庭贫困的学生，对资助政策的认知度较低，而这样的结果是有悖于高等教育资助政策目标中"公平"和"效率"价值取向的。

资助政策的宣传对象不仅要针对家庭经济困难的在校学生，而且要深入到受助学生的家庭。同时，学生家庭对国家资助政策的了解也有助于学校及相关部门进一步做好资助工作。民族院校绝大多数家庭经济困难学生都来自经济欠发达的民族地区、贫困地区，而且这些地区经济发展的自然禀赋较差、基础设施建设相对滞后、信息相对闭塞，民族院校在深入宣传、贯彻国家资助政策方面存在一定困难。建议建立国家资助政策宣传入户长效机制，紧密联系生源地学生资助部门，加强政策宣传力度。

作为大学生资助政策的价值基础，诸如公平、效率、充足、激励这些价值标准如何排序，常常反映了政府及决策者的社会价值观和政治观，如公平与效率之权衡，公平（"助困"）与激励（"奖优"）之争。从民族院校的实际情况出发，同时也基于实证分析，本研究认为，针对民族院校这一特殊的办学组织形态和特殊的资助需求群体，国家资助政策的目标应定位于"公平优先，兼顾效率"。除此之外，还有资助政策执行的理念值得考虑。比如赋予受资助学生以充分的选择权和自主权，使其能够有条件地按需接受资助。

（2）对于不同类型的院校、不同个体特征的学生群体的特定需求，应当制订科学合理的资助资格认定标准。当前资助资格认定标准及相关信息的验证存在很多缺陷。现行的对家庭经济困难学生的认定标准一般是学生入校时持有的两级政府出具的家庭经济贫困证明，而学校在对其真实性的审查上存在很大困难。个别虚开贫困证明骗取资助现象的出现，对资助政策执行效果造成了很大的负面影响。学校虽然采取了集中认定和年度重新认定结合的方式，引入退出机制对家庭经济困难学生进行动态管理，但仍然无法完全避免该现象发生，而使得学校在清退所谓家庭经济困难学生时陷入两难境地。因此，本研究建议：一是从国家的层面上应当针对不同类型、不同层次的院校制订分类瞄准资助的标准；在民族院校的层面上，把瞄准单元降低到学院、年级和专业这一级时，其覆盖的贫困学生会更加广泛，瞄准精度会更高。二是研究制定家庭经济困难学生认定标准化指标体系、搭建高等院校与生源地相关部门的有效信息交流平台，促进高等院校家庭经济困难学生管理工作的顺利开展。通过识别贫困学生,然后将贫困学生的资助需求进行统筹规划,仍可利用学院一级的资助管理信息系统进行监管。这样既可避免由于校级瞄准所造成的贫困学生的偏差,又可通过校一级的有关部门进行监管,从而形成以校为主体,以学院为单元,以贫困学生个体为目标的新型资助体系的微观瞄准机制。

为了解决民族院校大部分学生,尤其是为少数民族学生和来自农村的学生以及社会交往能力不足影响其获取勤工助学岗的问题,建议民族院校可以尝试对传统的勤工助学方式进行改革,积极探索勤工助学岗招聘会的新路子,可以模拟毕业生招聘会的形式,由学校各用工单位集中招聘。每位贫困生根据设岗单位的要求和自己的实际能力、意愿填写报名表,然后拿着一张勤工助学上岗申请报名表,到所期望的设岗单位报名并接受"面试"。因此,一方面可以尽量实现勤工助学岗供给上的公平;另一方面可以为社会交往能力不足的同学提供一些改善能力的平台。

(3)建立大学生"分层瞄准、差别资助"的资助制度。由于我国区域经济社会发展不平衡,高等院校所处地域不同,上学成本也不尽相同,加之绝大多数民族院校学生来自全国各地,故在经济贫困的感受程度上是不同的,其感受程度的不同会在很大程度上影响大学生资助需求的程度。因此,就需要在资助方式、金额、资助结构等方面差别对待。如对那些相对困难的大学生实行贷款资助制度,以帮助他们解决暂时面临的困难。而对于那些由于家庭特殊原因而完全无力负担学费的贫困家庭学生,可借鉴英国大学生资助制度,实行具有"资助包"功能的资助方式,从多种渠道解决其上学难题。另外,依据高等教育收益率理论,借鉴美国、英国等大学生资助方式,对不同专业实施不同资助,对社会收益回报高、个人收益回报低的专业给予奖励和津贴，通过完善资助制度引导大学生学习这些专业，毕业后愿意从事相关行业或者到相关地区去就业。

（4）加大对民族院校学生资助工作的投入和政策倾斜力度。在民族院校内部，由于来自少数民族地区的学生学习能力本来不如非民族地区的学生，而得到资助机会的效果又较低，这样会导致他们更难完成学业，形成了"入校易而出校难，毕业易而就业难"的怪圈，尽管我国在高考招生制度上对少数民族学生有所倾斜，但是高等院校内部资助政策的乏力很难改善这些入学的少数民族学生将来毕业后的就业前景。因此，有必要进一步完善我国少数民族高等教育招生优惠政策。

第四节 研究局限

任何一项研究的长处在于它认识到自身研究的不足和局限性，这些局限构成了将来研究的方向。本研究很大程度上是一项带有探索性质的、初步的研究。因此，本研究难免存在一些局限性。

（1）大学生资助政策执行效果评估指标体系问题有待进一步完善。一是就业问题，原计划取得2011年大学毕业生的相关数据，因学生就业情况的不确定性及时间等客观因素，无法进行完全统计，这需要在下一个研究周期里进行相关问题的跟踪研究。二是本研究所使用的调查问卷设计中"奖学金""助学金"问得比较笼统，尤其是没有严格区分国家奖学金和国家励志奖学金等，由此导致了本研究部分回归结果难以进一步细化的问题。这是本研究的一个缺憾。此外，学生能力评估变量的缺乏也是非常遗憾的。

（2）研究样本选择问题有待进一步拓展，即选择不同地区、不同类型的样本进行比较研究。样本的多样性至少可以从两个方面展开，一是在民族高等教育系统内从同一层次或不同层次的民族院校、同一地区或不同地区的民族院校来选择样本院校；二是在民族院校与非民族院校办学类型之间进行比较研究，进一步将取样范围适当扩大，拓展本研究的样本量。但这需要一定的研究条件作为支撑。

（3）由于民族院校办学目标、办学形式以及运行机制的特殊性，无法确定本研究针对 H 民族大学的研究结论是否具有普遍性。由于本研究缺乏对学生个人能力的衡量，加之民族院校招生优惠政策的特殊性，所以在其他院校做同类研究是非常有必要的。值得一提的是，样本中的研究对象是我国的某一所民族大学的普通本科生，且是国家民族事务委员会直属大学的这一特殊的办学组织形态，不是我国普通高校的一般办学组织形式。因此，建议人们在以后进行类似研究时应考虑这种背景，并在对其他院校进行相关研究而引用本结论时持审慎态度。

综上所述，由于受研究资源、条件、研究水平和研究手段的限制，所以本次调查所收集的数据可为本研究使用的变量相对有限。加之，观测工具的提炼不够；未考虑交互效应即缺乏过程和结果对满意及行为的交互影响验证；模型交叉效度还需要进一步检验，即研究模型在不同样本学生间的差异性解释，需要进一步理论与实证研究等，这正是本研究在主观或客观上存在的无法逾越的局限性。作为一项探索性、基础性的研究，笔者一方面期待看到更多的以大学生资助政策执行效果评估为议题的实证研究，另一方面也期待后续的研究能够选择不同地区、不同类型的院校进行比较研究,收集更为广泛的数据资料,可以通过增加新的变量来增加研究参数,也许有利于加强研究模型的稳定性和解释力,进而对民族院校大学生资助政策执行效果评估做出更加系统、更为全面的解释。

附录1 调查问卷

民族院校贫困生资助政策调查问卷

同学：

　　您好！我们正在进行一项有关民族院校贫困大学生资助政策的社会调查。为了更广泛地了解我国民族院校贫困大学生的各方面情况，为日后更好地解决民族院校贫困大学生实际困难提供第一手的资料，我们需要了解您对民族院校贫困大学生资助政策的意见，您的回答对我们的研究十分重要，请您仔细阅读以下相关问题并客观真实地填写，谢谢您的支持与合作！

　　填写说明
　　1. 对未作说明的题目，请在相应的序号□内打"√"
　　2. 选项中有"＿＿＿"的，填答简要文字和数字

　　一　个人及家庭经济状况
　　1. 您的性别：□男　□女
　　2. 您的姓名：＿＿＿＿　您的学号：＿＿＿＿
　　3. 您的民族：□汉族 □少数民族，请注明是＿＿＿族

4. 您所在的院_____专业_____年级_____

5. 您所就读的专业所需支付学费标准多少？

A. 免费   B. 4500 元

C. 5850 元   D. 10000 元以上

6. 您的入学时间：_____年

7. 您来自_____（省）_____（市）_____（县/区）_____（镇/街道）_____（村）

8. 您家中共有_____人

9. 您家中在读的学生有_____人

10. 您曾经就读的高中类型：

A. 国家重点中学   B. 省重点中学

C. 市重点中学   D. 市普通中学

E. 县重点中学   F. 县普通中学

G. 乡镇中学

11. 您父亲的职业：

A. 公务人员   B. 农牧民

C. 工人   D. 教师

E. 医生   F. 其他（请说明）_____

12. 您父亲的受教育水平：

A. 大学教育   B. 高中教育

C. 初中教育   D. 小学教育   E. 无

13. 您母亲的职业：

A. 公务人员   B. 农（牧）民

C. 工人   D. 教师

E. 医生   F. 其他（请说明）_____

14. 您母亲的受教育水平：

A. 大学教育　　　　　B. 高中教育

C. 初中教育　　　　　D. 小学教育　　　E. 无

15. 您家庭大致年收入_____元

16. 您家庭收入来源主要包括（可多选）：

　　A. 固定工资　　　　B. 打工　　　C. 种地

　　D. 亲朋资助　　　E. 社会最低生活保障

　　F. 其他

17. 您的家庭经济收入水平在当地属于：

　　A. 很差　　B. 较差　　C. 一般

　　D. 较好　　E. 很好

18. 您的家庭成员是否有特殊情况（失业、重病、残疾、意外灾难等）

　　A. 是　　　B. 否

19. 您的学费来源主要包括（可多选）：

　　A. 父母或祖辈提供　　B. 个人（兼职）

　　C. 亲朋资助　　　　D. 社会最低生活保障

　　E. 生源地贷款　　　　F. 学校所在地贷款

　　G. 其他_____（例如：奖金等）

20. 您认为，你家庭供一个大学生困难吗？

　　A. 困难　　B. 还可以　　C. 不困难

二　资助政策对个人消费行为的影响

1. 每月生活开支主要来源

　　A. 家庭　　　　　　B. 勤工俭学

　　C. 助学金　　　　　D. 奖学金

2. 您每月生活费中，用于饮食的费用_____

A. 200 元以下　　　B. 200—500 元

C. 500—1000 元　　D. 1000 元以上

3. 您每月生活费中，用于学习资料、学习工具的费用＿＿＿

A. 50 元以下　　　B. 50—70 元

C. 70—90 元　　　D. 90—110 元

E. 110 元以上

4. 您每月生活费中，用于娱乐、交际的费用＿＿＿＿

A. 30—50 元　　　B. 50—70 元

C. 70—90 元　　　D. 90—110 元

E. 110 元以上

5. 每学年往返学校与家里的交通费一共为＿＿＿＿元

6. 手机话费平均每月为＿＿＿＿元；上网费用每年为＿＿＿＿元；衣服和日用品等支出每年为＿＿＿＿元

7. 在平时的生活中，您觉得自己在哪方面的开支最拮据？

A. 饮食　　　　　B. 学习资料和学习工具

C. 娱乐、交际　　D. 衣服和日用品

E. 其他＿＿＿＿（请注明）

8. 若每月生活费除正常开支外还有结余，您更倾向把它用在＿＿＿＿方面？

A. 饮食　　　　　B. 学习资料和学习工具

C. 娱乐、交际　　D. 衣服和日用品

E. 其他＿＿＿＿（请注明）

9. 您觉得学校的生活消费水平比家乡＿＿＿＿？

A. 高　　　B. 低　　　C. 相差不大

（注意：第 10、11 两题由获得过奖学金或助学金的同学选填，都没获得过则跳过直接做第 12 题）

10. 您获得的奖学金大部分用于改善_____方面？
A. 饮食　　　　　　B. 学习资料和学习工具
C. 娱乐、交际　　　D. 衣服和日用品
E. 其他_____（请注明）

11. 您获得的助学金大部分用于改善_____方面？
A. 饮食　　　　　　B. 学习资料和学习工具
C. 娱乐、交际　　　D. 衣服和日用品
E. 其他_____（请注明）

12. 据您所知，获得过助学金或者奖学金的同学，他们在哪方面的开支增加了？
A. 饮食　　　　　　B. 学习资料和学习工具
C. 娱乐、交际　　　D. 衣服和日用品
E. 其他_____（请注明）

三　资助政策对学业的影响

1. 在选择专业的过程中，您考虑的主要因素是_____？
A. 兴趣　　B. 学费及生活费　　C. 就业前景

2. 您获得过奖学金吗？
A. □是，_____元_____次　　B. □否

3. 您获得过助学金吗？
A. □是，_____元_____次　　B. □否

4. 您参加了校内勤工助学岗吗？
□是，_____元/月；是否会影响您的学习？
A. 是　　　B. 有一点　　　C. 否
□否

5. 请问资助政策对您在专业的选择上是否有所影响？

A. 有很大影响　　　　B. 有一定程度的影响

C. 没有太大影响　　　D. 没有影响

6. 请问资助政策对您在专业方面的学习是否有所帮助？

A. 有很大帮助　　　　B. 有一定程度上的帮助

C. 没有特别大的帮助　D. 没有帮助

7. 您认为贫困生在受资助后学习成绩是否有所提高？

A. 有很大提高　　　　B. 有比较大的提高

C. 有一定程度的提高，但不明显

D. 没有提高

8. 请问资助政策对您完成学业有多大影响？

A. 有很大影响　　　　B. 有一定程度的影响

C. 没有太大影响　　　D. 没有影响

四　您对资助政策的满意程度

1. 您了解以下高校学生资助政策或制度吗？（在相应的□内打"√"）

	很了解	知道，但不确切	不知道
国家奖学金政策	□	□	□
专业奖学金政策	□	□	□
高校优秀学生奖学金政策	□	□	□
国家助学贷款政策	□	□	□
勤工俭学政策	□	□	□
助学金政策	□	□	□
生源地贷款政策	□	□	□

2. 您认为对大多数学生而言，资助方式按其重要程度由高到低排序，前三名依次为：

A. 奖学金

B. 大学助学贷款

C. 生源地贷款

D. 勤工助学

E. 助学金

F. 减免学费

排序（只填序号）：_____ > _____ > _____

3. 您了解申请资助的具体条件吗？

A. 了解　　B. 不了解　　C. 听说过

4. 您是否申请了高校学生资助（可多选，在符合选项前打"√"）

是，我申请的类型为：

A. 国家奖学金　　　　　B. 专业奖学金

C. 高校优秀学生奖学金　D. 大学助学贷款

E. 生源地贷款　　　　　F. 勤工俭学

G. 助学金　　　　　　　H. 减免学费

否，原因是：

A. 不需要　　　　　　　B. 不了解相关规定

C. 即使申请也得不到　　D. 怕同学们说闲话

E. 即使得到作用也不大　F. 其他

5. 您认为获得资助的难易程度_____

A. 难　B. 有点难，但可以拿到　C. 容易

6. 您认为得到资助之后对您的帮助大小如何？

A. 非常大　　B. 还可以　　C. 太麻烦，手续太多

D. 不清楚　　E. 数目太少

（提示：7—9题，只对您所享受过的相关资助政策作出评

价)

7. 您享受资助的次数和时间为:(在符合选项内打"√")

资助方式＼年份	2007	2008	2009	2010
奖学金				
大学助学贷款				
生源地贷款				
勤工助学				
助学金				
减免学费				

8. 您对当前资助方式的发放额度及过程是否满意?(在符合选项内打"√")

资助方式＼满意程度	非常满意(7分)	比较满意(6分)	满意(5分)	一般(4分)	不太满意(3分)	不满意(2分)	非常不满意(1分)
奖学金 发放额度							
奖学金 发放过程							
大学助学贷款 发放额度							
大学助学贷款 发放过程							
生源地贷款 发放额度							
生源地贷款 发放过程							
勤工助学 发放额度							
勤工助学 发放过程							
助学金 发放额度							
助学金 发放过程							

续表

满意程度＼资助方式		非常满意(7分)	比较满意(6分)	满意(5分)	一般(4分)	不太满意(3分)	不满意(2分)	非常不满意(1分)
减免学费	发放额度							
	发放过程							

9. 享受资助政策对您产生最有利影响的方面是：（在符合选项内打"√"）

	专心学习	缓解经济压力	积极参加集体活动	与同学们的日常交往增加
奖学金				
大学助学贷款				
生源地贷款				
勤工助学				
助学金				
减免学费				

10. 请您选择对以下贷款偿还方式的同意程度（未享受贷款资助政策的同学无须作答）：

（1）大学助学贷款：

完全同意 比较同意 同意 不确定 不太同意 不同意 完全不同意
　　7　　　6　　　5　　4　　　3　　　2　　　1

A. 在毕业时一次还清 □ □ □ □ □ □ □

B. 工作后按收入的一
　　定比例偿还　　　□ □ □ □ □ □ □

C. 毕业后在一定期限

内还清，定时定额
　　偿还　　　　　　　□　□　□　□　□　□　□
D. 毕业后到特殊单位
　　工作以减免贷款　　□　□　□　□　□　□　□
（2）生源地贷款：
　　　　　　　　完全同意 比较同意 同意 不确定 不太同意 不同意 完全不同意
　　　　　　　　　7　　6　　5　　4　　3　　2　　1
A. 在毕业时一次还清　□　□　□　□　□　□　□
B. 工作后按收入的一
　　定比例偿还　　　□　□　□　□　□　□　□
C. 毕业后在一定期限
　　内还清，定时定额
　　偿还　　　　　　　□　□　□　□　□　□　□
D. 毕业后到特殊单位
　　工作以减免贷款　　□　□　□　□　□　□　□

附录2 相关研究成果

1. 发放国家助学贷款影响因素的实证分析[①]

摘要：本文选取某民族院校799名在校大学生为研究样本，对发放国家助学贷款的影响因素进行实证分析，发现家庭年收入、较高的政策知晓度、父亲受教育水平以及年级对国家助学贷款的发放有显著影响，并对此做出合理解释。

关键词：国家助学贷款；影响因素；实证分析

国家助学贷款是金融机构对普通高校经济困难的全日制本、专科学生（含高职学生），研究生以及第二学士学位在校生发放的，由政府贴息的无担保（信用）商业贷款。2010年，国家助学贷款资助人数突破100万人，贷款发放金额突破100亿元，较2009年度分别增长11.6%和32%，创历史新高。而在国家助学贷款实施的过程中，一部分家境贫困的学生由于受信息匮乏、自身价值观念等因素的影响而对国家助学贷款政策缺乏正确的认知，在思想观念上不能接受花明天的钱来圆今天的大学梦的方

[①] 王世忠、王明露：《中南民族大学学报》（自然科学版）2013年第3期。

式，使他们申请贷款的积极性不高，导致国家助学贷款政策的实际效果与政策预期尚有一定差距。由此可见，对发放国家助学贷款的影响因素进行实证分析，有助于完善国家助学贷款的相关政策法规，有针对性地改善国家助学贷款的执行方式，帮助贫困家庭学生获得国家助学贷款的资助，实现国家助学贷款的政策预期。

一　文献分析

国家助学贷款是由政府主导的专门帮助高校贫困家庭学生的银行贷款。因此，学界对国家助学贷款研究的出发点是相同的，即认为国家助学贷款是成本分担、社会公平正义以及人力资本等现代理论与实践的结合物。国家助学贷款作为教育救助的一个重要组成部分，在保障大批家庭经济困难学生顺利入学并完成学业上发挥着重要作用。

也有学者研究了贫困学生的特征对发放国家助学贷款的影响，但大多与国家助学贷款的政策知晓度相关。张东良（2001）、穆学军（2001）等认为，很多贫困学生在思想上不认同国家助学贷款，观念上一时还难以接受这种"透支"明天的钱来资助今天的学习的方式，因此仍寄希望于不用偿还的其他助学方式。刘雪明（2005）认为，由于自身利益的不同、价值观念的影响以及其他因素的作用，广泛的政策对象呈现出明显的主观差异性，进而影响政策实施的效果。卢铁城（2006）认为，即使是同地区、同类高校，由于对助学贷款的认识不同，获贷学生比例的差异也比较大。

学界对国家助学贷款政策的相关研究，不仅提升了社会尤其是政府、高校、银行对国家助学贷款的重视，而且提出了许多有建设性的建议和对策，为科学合理的决策提供了理论依据和实践指导，从而更有利于国家助学贷款政策的实施。但是，通过理论分析发现，学界对影响国家助学贷款发放的因素的相关研究较少，实证分析更是凤毛麟角。因此，对影响国家助学贷款发放的因素进行实证研究具有重要意义。

二 研究设计

（一）样本描述与研究方法

本文采用问卷调查的方法，对某民族院校进行抽样调查，该民族院校是一所直属国家民族事务委员会的综合性普通高等院校，少数民族学生比例达60%以上。目前，该校已建立并形成以勤工助学为主体、奖（助）学金为导向、国家助学贷款和生源地信用贷款为主要途径，"奖、贷、助、补、减、免、勤"七位一体的学生资助工作体系，其中的国家助学贷款帮助了大批贫困生顺利入学并完成了大学学业，圆了贫困生的大学梦。

本次调查对该院校四个年级的在校大学生进行抽样调查，共发放问卷2000份。根据本文研究需要，在回收样本中共筛选样本799份（本文所用样本数据是《民族院校贫困生资助政策调查问卷》所获数据的一部分），然后利用EViews 6.0对数据进行实证分析，以得出研究结论（由于样本各变量缺失值及回归所需变量的不同，且EViews 6.0在回归过程中可自动剔除存在缺失值的样本，所以为扩大样本容量，提升模型拟合效果，这里并不先将存在缺失值的样本剔除，这也是后面进行回归分析时样本容量变化的原因）。

(二) 假设的提出、变量的选择与赋值

1. 假设的提出

由上述理论分析可知,首先,国家助学贷款是为资助家境贫困的学生而设立,因此家庭年收入应是影响国家助学贷款发放的重要因素;其次,政策对象自身特征、所处环境、价值观念等不同,会影响政策实施的效果,因此,在选取国家助学贷款政策知晓度为自变量的同时,我们也有理由相信家庭环境是影响子女行为、价值评判的重要因素,家庭环境与父母受教育程度息息相关,而父亲的教育程度一般会高于母亲,因此选取父亲的受教育程度为自变量;最后,由于本次调研对象是某委属民族院校的四个年级的学生,因此,民族身份以及年级是不可忽略的重要变量。综合上述分析,提出以下假设:

假设(1):家庭年收入对国家助学贷款的发放有显著影响;

假设(2):政策知晓程度对国家助学贷款的发放有显著影响;

假设(3):父亲受教育水平对国家助学贷款的发放有显著影响;

假设(4):民族身份对国家助学贷款的发放有显著影响;

假设(5):年级对国家助学贷款的发放有显著影响。

2. 变量的选择与赋值

(1) 因变量:根据本文的研究目的,选取每个学生在校期间是否获得国家助学贷款(loan)为因变量,这一变量是二分变量,包含两种情况:获得国家助学贷款和没有获得国家助学贷款。

(2) 自变量:根据提出的假设,选取收入(income)、知晓

度 (understand)、父亲受教育水平 (education)、民族 (national)、年级 (grade) 为自变量，由于本研究将知晓度、父亲受教育水平、年级当作虚拟变量引入，所以要将其进行细分，具体细分及赋值如表1所示。

表1 　　　　　　　　变量及其赋值说明
Tab. 1　　　　　Variables and assignment instructions

变量	赋值说明
国家助学贷款	0 = 未获得，1 = 获得
收入	家庭实际年收入
知晓度1	0 = 不知道、很了解，1 = 知道但不确切
知晓度2	0 = 不知道、知道但不确切，1 = 很了解
教育1	0 = 小学及以下、大学水平，1 = 中学水平
教育2	0 = 小学及以下、中学水平，1 = 大学水平
民族	0 = 汉族，1 = 少数民族
年级7	0 = 2008级、2009级、2010级，1 = 2007级
年级8	0 = 2007级、2009级、2010级，1 = 2008级
年级9	0 = 2007级、2008级、2010级，1 = 2009级

（三）方程的设定及回归分析

1. 方程的设定

一般认为教育程度较高的家庭，其收入也较高，因此，为避免多重共线性，应先考察二者的相关性。通过相关分析，发现收入与教育1、教育2的相关系数分别为0.05、0.17。因此，收入与教育1、教育2的相关性较低，可将这三个变量设定在同一方程中，同时为缩小收入的取值范围，更好地刻画其对发放国家助学贷款的影响，本文将其以对数形式引入。

由于因变量是二分变量，因此为克服线性概率模型的缺陷，提升模型的适用性，本文使用对数单位模型（logit model）进行回归分析，根据假设，可以将模型设定为：

$$loan = \beta_0 + \beta_1 \cdot log(income) + \beta_2 \cdot understand1 + \beta_3 \cdot understand2 + \beta_4 \cdot education1 + \beta_5 \cdot education2 + \beta_6 \cdot national + \beta_7 \cdot grade7 + \beta_8 \cdot grade8 + \beta_9 \cdot grade9 \tag{1}$$

2. 回归分析

使用样本数据，做贷款对民族、收入、知晓度1、知晓度2、教育1、教育2、年级7、年级8、年级9的一次回归，结果见表2。

表 2 模型第一次回归结果

Tab. 2 The first regression results of model

变量	系数	标准误	Z 统计量	P 值
常数项	0.003151	1.144454	0.002753	0.9978
收入	-0.249372	0.112183	-2.222903	0.0262
知晓度1	0.553612	0.485977	1.139173	0.2546
知晓度2	1.570200	0.481968	3.257895	0.0011
教育1	-0.337790	0.218404	-1.546628	0.1220
教育2	-1.672371	0.600834	-2.783418	0.0054
民族	0.104498	0.201398	0.518864	0.6039
年级7	1.517841	0.308573	4.918898	0.0000
年级8	1.748131	0.266506	6.552061	0.0000

续表

变量	系数	标准误	Z 统计量	P 值
年级 9	1.073792	0.247860	4.332261	0.0000
McFadden R-squared	0.145894	LR statistic		108.8716
Prob (LR statistic)	0.000000			

由模型第一次回归结果可知,在5%的显著性水平上,自变量知晓度1、教育1、民族不能通过 t 检验,因此将其排除,并再次进行回归,结果见表3。

表3　　　　　模型第二次回归结果
Tab.3　　　　The second regression results of model

变量	系数	标准误	Z 统计量	P 值
常数项	0.305716	0.595114	0.513710	0.6075
收入	-0.163834	0.065712	-2.493208	0.0127
知晓度 2	0.652580	0.115153	5.667049	0.0000
教育 2	-0.882453	0.337926	-2.611382	0.0090
年级 7	0.905952	0.181723	4.985359	0.0000
年级 8	1.051685	0.156557	6.717606	0.0000
年级 9	0.649064	0.144033	4.506358	0.0000
McFadden R-squared	0.140233	LR statistic		105.5672
Prob (LR statistic)	0.000000			

由模型第二次回归结果可知,各变量在5%的显著性水平上均通过 t 检验,方程伪 R^2 = 0.14,LR 统计量 = 105.57,相应概率值 P 趋于0,表明模型整体显著。因此,回归方程为:

$$loan = 0.31 - 0.16 log\ (income) + 0.65\ understand2 - 0.88\ education2 +$$
$$(0.51)\quad (-2.49)\quad\quad (5.67)\quad\quad (-2.61)$$
$$0.91\ grade7 + 1.05\ grade8 + 0.65\ grade9 \qquad\qquad (2)$$
$$(4.99)\quad\quad (6.72)\quad\quad (4.51)$$

其中 n = 574，伪 R^2 = 0.14。

三 结论

通过上述回归分析，可以得出以下结论：

（1）家庭年收入对国家助学贷款的发放有显著影响

回归结果表明，在其他条件不变的情况下，与对国家助学贷款政策不知道及知道但是不确切且父亲的教育水平是高中及以下程度的大一学生相比，学生家庭年收入每增长10%，其获得国家助学贷款的可能性会下降0.085倍（$e^{-0.16}/100 \approx 0.0085$）。这可能是因为随着家庭年收入的增加，家庭负担子女大学期间费用的能力增加，因而选择国家助学贷款的意愿下降。

（2）较高的政策知晓度对于国家助学贷款的发放具有显著影响

由回归结果可知，在家庭年收入等其他条件不变的情况下，与对国家助学贷款政策不知道及知道但是不确切且父亲的教育水平是高中及以下程度的大一学生相比，很了解国家助学贷款政策的学生获得国家助学贷款的可能性要高出约1.92倍（$e^{0.65} \approx 1.92$），而对国家助学贷款政策知道但不确切的学生并无显著增加获得国家助学贷款的可能性。这可能是由于对国家助学贷款政策了解增加的程度，还不足以使其从思想上对国家助学贷款政策有较为全面的认知,也不足以提升其申请国家助学贷款的积极性,只有那些对国家助学贷款政策有较高水平认知的学生,才有可能为申请国家助学贷款做出更多的努力和准备。因此,要最大限度实现国家助学贷款政策效果,就必须理顺国家助学贷款政策的沟通渠道,提升国家助学贷款的宣传水平与层次,以提升学生对国家助学贷款政策的知晓程度。

(3) 父亲受教育程度对国家助学贷款的发放有显著影响

回归结果显示,在家庭年收入等其他条件不变的情况下,与对国家助学贷款政策不知道及知道但是不确切且父亲的教育水平是高中及以下程度的大一学生相比,父亲受过高等教育的学生,获得国家助学贷款的可能性会下降 0.41 倍($e^{-0.88} \approx 0.41$),这与人力资本理论的解释是一致的:教育是对人力资本的一种投资行为,可以提升蕴含在人自身中的各种生产知识与技能存量的总和,进而获得更高的收入,降低申请国家助学贷款的意愿。

(4) 高年级学生更易于获得国家助学贷款

由回归结果可知,在家庭年收入等其他条件不变的情况下,与对国家助学贷款政策不知道及知道但是不确切且父亲的教育水平是高中及以下程度的大一学生相比,大二、大三、大四的学生获得国家助学贷款的可能性分别高出约 2.48 倍($e^{0.91} \approx 2.48$)、2.86 倍($e^{1.05} \approx 2.86$)和 1.92 倍($e^{0.65} \approx 1.92$)。这可能是由于大一新生搜集信息渠道较少而对国家助学贷款缺乏了解,也可能是由于自身价值观念的影响而不愿意申请国家助学贷款。而随着年级的增加,贫困学生搜集信息渠道的畅通以及价值观念的不断转变,进而提升申请国家助学贷款的意向。

(5) 民族身份对于发放国家助学贷款无显著影响

民族身份虽是不可忽略的重要的学生特征之一,但是在民族院校，民族身份并无显著增加获得国家助学贷款的可能性。但是在非民族院校，民族身份的作用仍需讨论。

当然，本研究仅选取全日制本科生为研究对象，样本选取未覆盖到专科生及研究生，这是有待改进的地方，但是本研究的结论仍不失一般性。总之，国家助学贷款作为学生申请贷款的主要方式，事关贫困学生和家长的切身利益，确保贫困生获得国家助学贷款的资助，使其不因高昂学费、生活费等而失学，对于实现国家助学贷款政策的设立初衷以及使我国从人力资源大国向人力资源强国迈进具有重要的意义。

参考文献

[1] 原春林、谢洋：《国家助学贷款人数超百万 金额突破 100 亿》，《中国青年报》2011 年 3 月 2 日。

[2] 薛文治：《进一步完善大学生国家助学贷款制度的思考》，《中国高教研究》2007 年第 1 期。

[3] 王明露、王世忠：《国家助学金评定影响因素的计量分析——基于湖北某民族院校的泊松回归模型分析》，《郑州师范教育》2013 年第 2 期。

[4] 张东良：《偏远山区助学贷款发放难探究》，《经济师》2001 年第 1 期。

[5] 穆学军：《国家助学贷款发放面临的问题与对策》，《辽宁经济管理干部学院学报》2001 年第 2 期。

[6] 刘雪明：《政策运行过程研究》，江西人民出版社 2005 年版。

[7] 卢铁城：《关于完善国家助学贷款体系的建议》，《中国高教研究》2006 年第 8 期。

[8] 杰弗里·M. 伍德里奇：《计量经济学导论》，中国人民大学出版

社 2010 年版。

[9] 王尊祥：《国家助学贷款发放的对策研究》，《科技经济市场》2007 年第 4 期。

2. 政策知晓度差异对发放国家助学贷款影响的计量分析

——基于某委属民族院校的 logit model 分析[①]

摘要： 国家助学贷款是国家运用金融手段支持教育，资助经济困难学生完成学业的重要措施。而很多贫困学生对国家助学贷款政策缺乏了解，在观念上难以接受这种"透支"明天的钱来资助今天的学业的方式，导致国家助学贷款政策的实际效果与政策预期还有一定差距。本研究选取某民族院校 799 名在校大学生为研究样本，对国家助学贷款政策的知晓度差异对发放国家助学贷款的影响进行计量分析。

关键词： 国家助学贷款；政策知晓度；差异

一 问题的提出

国家助学贷款是金融机构对普通高校经济困难的全日制本、专科学生（含高职学生），研究生以及第二学士学位在校生发放的，由政府贴息的无担保（信用）商业贷款。2010 年，国家助

[①] 王世忠、王明露：《教育财会研究》2013 年第 3 期。

学贷款资助人数突破100万人，贷款发放金额突破100亿元，较2009年度分别增长11.6%和32%，创历史新高。而在国家助学贷款实施的过程中，一部分家境贫困的学生由于信息匮乏而对国家助学贷款政策缺乏正确的认知，在思想观念上不能接受花明天的钱来圆今天的大学梦的方式，使他们申请贷款的积极性不高，导致国家助学贷款政策的实际效果与政策预期尚有一定差距。由此可见，国家助学贷款政策的执行及其效果在很大程度上取决于贫困学生对国家助学贷款政策的认知程度，也即对国家助学贷款的政策知晓程度。

所谓政策知晓度，是指公众作为政策所涉及对象对政策内容、价值及其执行方式、落实途径的了解程度。知晓度一般分为三个层面：一是感知度，即受众对信息传播的了解程度；二是理解度，是比感知度高的一个层面，揭示受众是否对信息有更深程度的理解，表现为受众对信息内容的赞许、同意等态度；三是支持度，即受众是否按照信息本身的意图采取了相关行动，即是否产生了效益。由此可以看出，政策知晓度的差异，不仅影响到一项政策的价值评判，而且影响到一项政策的实施程度与实施效果。本文根据知晓度的三个层次将学生对国家助学贷款政策的知晓度分为三个等级（不知道、知道但是不确切、很了解），通过调查问卷对某委属民族院校大学生的政策知晓度差异对发放国家助学贷款的实际影响进行计量分析。

二 研究设计

（一）样本描述与研究方法

本文采用问卷调查的方法，对某民族院校进行抽样调查，该民族院校是一所直属国家民族事务委员会的综合性普通高等院校，少数民族学生比例达60%以上。目前，该校已建立并形成以勤工助学为主体、奖（助）学金为导向、国家助学贷款和生源地信用贷款为主要途径，"奖、贷、助、补、减、免、勤"七位一体的学生资助工作体系，其中的国家助学贷款使大批家境贫困学生得到了不同形式的资助，帮助了大批贫困生顺利入学并完成了大学学业，圆了贫困生的大学梦。

本次调查对该院校四个年级的在校大学生进行抽样调查，共发放问卷2000份。根据本文研究需要，在回收样本中共筛选样本799份[①]，然后利用EViews 6.0对数据进行计量分析，以得出研究结论。

（二）假设的提出、变量的选择与赋值

1. 假设的提出

根据研究需要，同时出于提升模型拟合效果的考虑，本文引入除政策知晓度以外的相关变量。由上述理论分析可知，首先，国家助学贷款是为资助家境贫困的学生而设立，因此家庭年收入应是影响国家助学贷款发放的重要因素；其次，政策对象自身特征、所处环境、价值观念等不同，会影响政策实施的效果，因此，在选取政策知晓度为自变量的同时，我们也有理由相信家庭环境是影响子女行为、价值评判的重要因素，家庭环境与父母受教育程度息息相关，而父亲的教育程度一般会高于母亲，因此选

[①] 由于样本各变量缺失值及回归所需变量的不同，且EViews6.0在回归过程中可自动剔除存在缺失值的样本，所以为扩大样本容量，提升模型拟合效果，这里并不先将存在缺失值的样本剔除，这也是后面进行回归分析时样本容量变化的原因。

取父亲的受教育程度为自变量；最后，由于本次调研对象是委属民族院校的四个年级的学生，因此，民族身份以及年级是不可忽略的重要变量。综合上述分析，提出以下假设：

假设一：家庭年收入对国家助学贷款的发放有显著影响；

假设二：政策知晓程度对国家助学贷款的发放有显著影响；

假设三：父亲受教育水平对国家助学贷款的发放有显著影响；

假设四：民族身份对国家助学贷款的发放有显著影响；

假设五：年级对国家助学贷款的发放有显著影响。

2. 变量的选择与赋值

（1）因变量：根据本文的研究目的，选取每个学生在校期间是否获得国家助学贷款（daikuan）为因变量，这一变量是二分变量，包含两种情况：获得国家助学贷款和没有获得国家助学贷款。

（2）自变量：根据提出的假设，选取收入（shouru）、知晓度（zhixiaodu）、父亲受教育水平（jiaoyu）、民族（minzu）、年级（nianji）为自变量，由于本研究将知晓度、父亲受教育水平、年级当作虚拟变量引入，所以要将其进行细分，具体细分及赋值如表1所示。

表1　　　　　　　　变量及其赋值说明

变量	赋值说明
国家助学贷款	0 = 未获得，1 = 获得
收入	家庭实际年收入
知晓度1	0 = 不知道、很了解，1 = 知道但不确切
知晓度2	0 = 不知道、知道但不确切，1 = 很了解

续表

变量	赋值说明
教育1	0=小学及以下、大学水平，1=中学水平
教育2	0=小学及以下、中学水平，1=大学水平
民族	0=汉族，1=少数民族
年级7	0=2008级、2009级、2010级，1=2007级
年级8	0=2007级、2009级、2010级，1=2008级
年级9	0=2007级、2008级、2010级，1=2009级

（三）方程的设定及回归分析

1. 方程的设定

一般认为教育程度较高的家庭，其收入也较高，因此，为避免多重共线性的出现，应先考察二者的相关性，以判定是否可以将其设定在同一个方程中。相关系数见表2。

表2　　　　　收入与教育1、教育2的相关性

	教育1	教育2
收入	0.05	0.17

由表2可知，收入与教育1、教育2存在相关性，但是相关性较低，因此可以将这三个变量设定在同一个方程中。

由于因变量是二分变量，因此为克服线性概率模型的缺陷，提升模型的适用性，本文使用对数单位模型（logit model）进行回归分析，根据假设，可以将模型设定为：

$daikuan = \beta_0 + \beta_1 \cdot log(shouru) + \beta_2 \cdot zhixiaodu1 + \beta_3 \cdot zhixiaodu2 + \beta_4 \cdot jiaoyu1 + \beta_5 \cdot jiaoyu2 + \beta_6 \cdot minzu + \beta_7 \cdot nianji7 + \beta_8 \cdot$

$nianji8 + \beta_9 \cdot nianji9$ \hfill (1)

2. 回归分析

使用样本数据,做贷款对民族、收入、知晓度 1、知晓度 2、教育 1、教育 2、年级 7、年级 8、年级 9 的一次回归,结果见表 3。

表 3　　　　　　　　模型第一次回归结果

Variable	Coefficient	Std. Error	z - Statistic	Prob.
c	0.003151	1.144454	0.002753	0.9978
log (shouru)	-0.249372	0.112183	-2.222903	0.0262
zhixiaodu1	0.553612	0.485977	1.139173	0.2546
zhixiaodu2	1.570200	0.481968	3.257895	0.0011
Jiaoyu1	-0.337790	0.218404	-1.546628	0.1220
Jiaoyu2	-1.672371	0.600834	-2.783418	0.0054
minzu	0.104498	0.201398	0.518864	0.6039
nianji7	1.517841	0.308573	4.918898	0.0000
nianji8	1.748131	0.266806	6.552061	0.0000
nianji9	1.073792	0.247860	4.332261	0.0000
McFadden R - squared	0.145894	LR statistic		108.8716
Prob (LR statistic)	0.000000			

由模型第一次回归结果可知,在 5% 的显著性水平上,自变量知晓度 1、教育 1、民族不能通过 t 检验,因此将自变量教育 1、民族排除,但是为考察不同知晓度对发放国家助学贷款的影响,故将知晓度 1 保留,再次进行回归,结果见表 4。

表 4　　　　　　　　模型第二次回归结果

Variable	Coefficient	Std. Error	z – Statistic	Prob.
c	-0.034656	0.659949	-0.052513	0.9581
log (shouru)	-0.157393	0.065954	-2.386396	0.0170
zhixiaodu1	0.317747	0.266292	1.193229	0.2328
zhixiaodu2	0.933851	0.264153	3.535259	0.0004
Jiaoyu2	-0.877170	0.338932	-2.588039	0.0097
Nianji7	0.897627	0.182002	4.931962	0.0000
nianji8	1.048007	0.156615	6.691593	0.0000
nianji9	0.660661	0.144528	4.571153	0.0000
McFadden R – squared	0.142201	LR statistic		107.0483
Prob (LR statistic)	0.000000			

由模型第二次回归结果可知，除知晓度 1 以外的其他变量，在 5% 的显著性水平上均通过 t 检验，方程伪 $R^2 = 0.14$，LR 统计量 = 107.05，相应概率值 P 趋于 0，表明模型整体显著。因此，回归方程为：

$$daikuan = -0.03 - 0.16 log(shouru) + 0.32 zhixaodu1 + 0.93 zhixiaodu2 - 0.88 jiaoyu2 +$$

　　(-0.05)　　(-2.39)　　(1.19)　　(3.54)　　(-2.59)

$$0.90 nianji7 + 1.05 nianji8 + 0.66 nianji9 \qquad (2)$$

　　(4.93)　　(6.69)　　(4.57)

其中 n = 574，伪 $R^2 = 0.14$。

三 结论与建议

(一) 结论

1. 较高的政策知晓度对于国家助学贷款的发放具有显著影响

由回归结果可知,在其他条件不变的情况下,与不知道国家助学贷款政策且父亲的教育水平是小学及以下程度的大一学生相比,很了解国家助学贷款政策的学生获得国家助学贷款的可能性要高出约2.53倍,[①] 而对国家助学贷款政策知道但不确切的学生并无显著增加获得国家助学贷款的可能性。这可能是由于对国家助学贷款政策了解增加的程度,还不足以使其从思想上对国家助学贷款政策有较为全面的认知,也不足以提升其申请国家助学贷款的积极性,只有那些对国家助学贷款政策有较高水平认知的学生,才有可能为申请国家助学贷款做出更多的努力和准备。

2. 提高国家助学贷款的政策知晓程度对于实现国家助学贷款政策的效果有重要作用

回归结果表明,家庭年收入的增加会显著降低学生获得国家助学贷款的可能性,这就说明家庭年收入越高的学生,越有可能将获得国家助学贷款的机会转让给家境贫困的学生。而由于只有较高的政策知晓度才会对国家助学贷款的发放有显著影响,因此,对于贫困学生来说,获得国家助学贷款机会增加并不意味着实际能获得国家助学贷款,也就意味着一部分本应该发放出去的国家助学贷款未发放出去,一部分亟须获得资助的学生未获得资

---

① 对知晓度2的系数估计值取反对数,$e^{0.93} \approx 2.53$。

助，导致国家助学贷款政策的实施效果打了折扣。因此，提升国家助学贷款的政策知晓程度对于家境贫困的学生顺利获得国家助学贷款意义重大，对于实现国家助学贷款的政策预期效果有重要作用。

3. 低水平的政策普及力度对国家助学贷款的顺利发放影响甚微

政策的普及力度直接关系到国家助学贷款的政策知晓程度，同时由上述分析可知，较低水平的政策认知对于国家助学贷款的获得无显著影响，只有对国家助学贷款政策的知晓程度达到一定的水平后才会影响国家助学贷款的发放。因此，低水平的政策普及力度对国家助学贷款的发放影响不大，甚至在某种意义上是对有限资源的一种浪费，所以应大力提升国家助学贷款的政策普及力度。

(二) 建议

由上述结论可知，只有较高水平的政策知晓度才对国家助学贷款的发放有显著影响，因此，让国家助学贷款政策为学生所熟知，而不是停留在较低的认知程度上，对于国家助学贷款的顺利发放具有重要意义。

1. 理顺国家助学贷款政策的沟通渠道

政策沟通是信息传递、理解和反馈的重要途径，政策沟通好坏和多寡影响公众了解政策信息的程度，影响公众对该政策的价值评价和政策实施效果。因此，通过各种途径理顺国家助学贷款各参与方的沟通渠道，确保国家助学贷款政策的沟通渠道畅通无阻是提高学生对国家助学贷款政策的知晓度，缩小不同学生群体对国家助学贷款的政策知晓度差异，最大限度实现国家助学贷款政策效果的有效措施。

2. 学生群体应主动搜集国家助学贷款政策相关信息

作为国家助学贷款受益者的学生群体，应多方面、多渠道搜集信息，充分了解国家助学贷款的资助对象与资助目的，提升对国家助学贷款政策的知晓程度。在加大信息搜集力度方面，学生群体可以通过网络媒体搜集相关资料，也可以通过咨询辅导员、高年级学生的方式来搜集有关消息，为顺利获得资助做准备。

3. 国家助学贷款的其他参与方应提升宣传水平与层次

高水平、高层次的政策宣传并不意味着高成本，扩大国家助学贷款的政策的宣传水平与层次必须要各方协同努力、紧密合作。首先，学校应加大政策宣传力度。从国家助学贷款发放的实际效果看，学校也是国家助学贷款的直接受益者，而且是最大最先的受益者，国家助学贷款在很大程度上减少了学生的欠费率。按照权利与义务对等的原则，学校对推行国家助学贷款有义不容辞的义务。其次，政府作为国家助学贷款政策的主导者，可通过电视、报纸、广播、网络等媒体，加强国家助学贷款的宣传报道，强化政府在国家助学贷款中的主导地位。最后，作为国家助学贷款的发放主体——银行，则可以将国家助学贷款的相关金融知识普及到校园，也可以在发放新生入学通知书时，将相关资料附带其中，以提升弱势群体的政策知晓度，让每一个学生不因家境贫困而失学。

当然，本研究仅选取全日制本科生为研究对象，样本选取未覆盖到专科生及研究生，这是有待改进的地方，但是本研究的结论仍不失一般性。总之，国家助学贷款作为贫困大学生资助体系中的最主要方式，事关贫困学生和家长的切身利益，采取各种措施缩小不同学生群体的政策知晓度差异，确保每一个贫困学生不因高昂学费、生活费等而失学，对于实现国家助学贷款政策的设立初衷以及使我国从人力资源大国向人力资源强国迈进具有重要的意义。

参考文献

［1］中南民族大学大学生资助网（http：//www1. scuec. edu. cn/stu/xszz/zxjj. php）。

［2］原春林、谢洋：《国家助学贷款人数超百万　金额突破 100 亿》，《中国青年报》2011 年 3 月 2 日。

［3］薛文治：《进一步完善大学生国家助学贷款制度的思考》，《中国高教研究》2007 年第 1 期。

［4］陈丽君、郁建兴、张瑶琼：《基于知晓度的政策绩效评价：以浙江省湖州市城乡统筹就业促进政策和服务为例》，《公共行政评论》2009 年第 6 期。

［5］湖南统计信息网（http：//www. hntj. gov. cn/zhuanlan/cati/about_cati/200503150129. htm）。

［6］郑镛、陆松锡：《国家助学贷款的现状分析与对策研究》，《教育财会研究》2004 年第 2 期。

3. 国家助学金评定影响因素的计量分析

——基于湖北某民族院校的泊松回归模型分析[①]

摘要：国家助学金作为人力资源投资的方式之一是教育救助的一个重要组成部分，它在保障家庭经济困难学生基本生活上发挥着重要作用，在一定程度上缓解了教育贫困现象。本研究选取湖北某民族院校551名在校大学生为研究样本，通过计量分析发现实际影响国家助学金评定的因素。

关键词：国家助学金；评定；影响因素

2010年，党中央、国务院在《国家中长期教育改革和发展规划纲要（2010—2020年）》中明确提出，要完善普通本科高校、高等职业学校和中等职业学校家庭经济困难学生资助政策体系。这是自2007年，温总理在政府工作报告中指出要在普通本科高校、高等职业学校及中等职业学校建立健全国家奖学金、助学金制度以来，国家对高校资助政策做的又一个纲领性规划。其中，国家助学金是众多资助政策中资助面积最大的一个板块，主

[①] 王明露、王世忠：《郑州师范教育》2013年第2期。

要用于资助高校全日制本专科在校生中的家庭经济困难学生，其平均资助标准为每生每年2000元，具体标准在每生每年1000—3000元范围内确定，一般分为2—3档。国家助学金作为人力资源投资的方式之一是教育救助的一个重要组成部分，在保障家庭经济困难学生基本生活上发挥着重要作用，在一定程度上缓解了教育贫困现象，这对于促进教育公平和社会公正，实现高等教育事业又好又快发展意义重大。但国家助学金是不是按照家庭条件这一标准评定，除此之外还受哪些因素的影响，真正需要帮助的学生是否得到了帮助，都还需要实证分析。

一　理论分析

学界对国家助学金的评定问题进行了深入的研究，成果也很丰富。而由于财政部与教育部于2007年下发的关于评定国家助学金的文件中，明确指出国家助学金用于资助家庭贫困的学生，因此，对于国家助学金评定的研究，大多集中在研究贫困学生的认定与筛选的重要性方面。张向林、董婷婷等认为国家助学金是一种以家庭收入为标准，对家庭经济困难的学生进行资助的方式，设立国家助学金的目的在于资助贫困学生完成学业，因此，对贫困生进行准确合理的认定和界定成为评定国家助学金的一项基础性工作，是高校帮困助学工作的起点和关键点。

也有学者对国家助学金评定过程中出现的问题进行了研究。首先，学界一致认为评定国家助学金的最重要的参考因素"家庭是否贫困"难以界定。吴新民、王荣等认为奖助学金发放往往以贫困生界定作为依据，但由于贫困生的界定条件模糊，缺乏科学合理的贫困生界定办法，各高校都会参照贫困证明和家庭经济情况调查表作为贫困生界定的依据。而由于诚信缺失出现大量的"伪贫困生"问题，导致了助学金评定的不公。其次，学界还认为在国家助学金评定过程中的主观性较大，马小刚认为，现行助学金评定存在评定标准不一、方法多样的问题，凡是有贫困证明的学生完全按期末成绩由高到低排序确定；有的辅导员直接指定几个受助人。赵桂等人认为，班级民主投票投的无非是人缘，一般人缘较好的得票数就多，就是"贫困生"，甚至是"特困生"，然后依次顺延。

还有学者对国家助学金的评定过程中，除贫困以外的标准与方式进行了研究，段志雁等人认为为促进奖助学金发放工作的公平、公正，学校应全面考虑各种影响因素，除了要求出具相关证明材料等"硬指标"外，还要考查学生日常生活状况等"软指标"。王凤娟认为应成立由全班学生推选出来的民主评定小组，评定小组对所在班级中递交申请的学生在评定规则中各评定指标上的真实情况进行相应评分，之后根据计算出的每位学生的总分进行评定。

学界对国家助学金评定的研究，一方面加大了社会尤其是高校对国家助学金评定的重视，另一方面他们提出了许多有见地的对策和建议，为科学合理的决策提供了理论依据和实践指导，从而更有利于国家助学金评定问题的解决。而学界对国家助学金评定的研究，主要集中在对贫困生的认定、对国家助学金评定的方式与标准方面，并针对这些问题提出了一些对策，且大多是理论分析，少有学者从实证的角度对实际影响国家助学金评定的因素进行分析。如学界一致认为贫困是评定国家助学金的标准，而在诚信缺失的情况下，对家庭贫困的证明还有没有影响？如果有影响，这个影响又是多大？因此，在实证方面对国家助学金评定的研究有一定实际意义。

二 研究设计

(一) 样本与研究方法

本研究采用问卷调查的方法，对湖北某民族院校在校大学生进行调查。对 2007 级、2008 级、2009 级、2010 级的学生进行抽样调查，共发放问卷 2000 份，根据本文研究需要，在剔除了存在缺失值、奇异值的样本后，共筛选有效数据 551 份。通过 Excel 对问卷所得数据进行录入、整理，然后利用 EViews 6.0 对数据进行回归分析，以得出研究结论。

(二) 假设的提出、变量的选择及方程的设定

1. 假设的提出

首先根据上述文献分析可知，影响国家助学金评定的首要因素是贫困程度，贫困程度可以用家庭收入来衡量，同时，我们有理由相信一个家庭贫困的学生更有可能参加助岗以获取资助，因而可以选取助岗作为家庭贫困的一个外在表现；其次，人际关系也影响助学金的评定，而人际关系较难衡量，但是可以考虑用人际交往花费来代替，可以假设人际交往花费越多，人际关系就越好，在民主评定时越有可能被评为贫困生，同时，人际交往花费也是考查学生日常生活的"软指标"之一；再次，由于国家助学金每年评定一次，因此一个二年级学生最多获得两次国家助学金，所以可以引入年级变量，考察年级对学生获得国家助学金的影响；最后，由于调查对象是民族院校在校学生，考虑到这一特殊因素，可以引入虚拟变量——民

族,以证实民族身份对国家助学金评定的影响。因此,根据上述分析提出假设:

假设一:家庭收入对国家助学金评定有显著影响;

假设二:助岗对国家助学金评定有显著影响;

假设三:人际交往费用对国家助学金评定有显著影响;[①]

假设四:年级对国家助学金评定有显著影响;

假设五:民族身份对国家助学金评定有显著影响。

2. 变量的选择

(1) 因变量:根据研究需要,可以选取每个学生在校期间获得的奖学金次数(cishu)为因变量,而且这一变量的取值是 [0,4] 范围内的整数,是离散变量。

(2) 自变量:根据假设的提出,本研究选择的自变量为收入(shouru)、助岗(zhugang)、交际花费(jiaoji)、年级(nianji)、民族(minzu)。

表1　　　　　　　　自变量及其赋值说明

自变量	赋值说明
收入	家庭年收入
助岗	0 = 未参加助岗,1 = 参加过助岗
交际花费	按费用多少,将交际花费分为1,2,3,4,5个等级,1级最少,5级最多,交际花费逐级增加

[①] 也有学者认为人际交往费用的增加,会传递出家庭条件较好的信号,因而降低评定国家助学金的机会。本文假设人际交往费用的增加对国家助学金有显著影响,以建立回归方程,并在结论中予以分析。

续表

自变量	赋值说明
年级	1＝2007 级，2＝2008 级，3＝2009 级，4＝2010 级
民族	0＝汉族，1＝少数民族

3. 方程的设定

由假设的提出可知，家庭贫困的学生更有可能参加助岗，同时考虑到家庭收入会影响到人际交往的花费，因此，为排除设定方程出现多重共线性的情况，可以分别考察收入与助岗、收入与人际交往花费的相关系数，以判定是否可将收入、助岗以及人际交往花费设定在同一个回归方程中。相关系数见表 2。

表 2　　收入与助岗、收入与人际交往花费的相关系数

	助岗	人际交往花费
收入	－0.185	0.320

由表 2 可知，收入与助岗、收入与人际交往花费存在相关性，但是相关性较低，因此可以将三个变量设定在同一个方程中。同时，由于因变量是离散变量，且取值是 [0，4] 范围内的整数，多元线性回归方程不适用于本研究，因此可以选用计数模型——泊松回归模型进行回归分析。根据假设，可将模型设定为：

$$cishu = exp(\beta_0 + \beta_1 \cdot log(shouru) + \beta_2 \cdot zhugang + \beta_3 \cdot jiaoji + \beta_4 \cdot nianji + \beta_5 \cdot minzu) \quad (1)$$

（三）回归分析

利用样本数据，做次数对收入、助岗、交际、年级、民族的

一次回归，结果见表3。

表3　　　　　　　　　模型拟合结果

Variable	Coefficient	Std. Error	z – Statistic	Prob.
c	0.942728	0.532138	1.771585	0.0675
Log (shouru)	-0.024082	0.055673	-0.432555	0.6653
zhugang	0.452354	0.141887	3.188138	0.0014
jiaoji	-0.231277	0.054450	-4.247537	0.0000
nianji	-0.342682	0.043681	-7.845065	0.0000
minzu	0.164883	0.098650	1.671394	0.0946
R – squared	0.254807	LR statistic		93.56369
Adjusted R – squared	0.247370	Prob (LR statistic)		0.000000

由回归结果可知，在5%的显著性水平上，自变量收入、民族不能够通过 t 检验，因此将收入与民族变量排除，再次进行回归，结果见表4。

表4　　　　　　　　　模型拟合结果

Variable	Coefficient	Std. Error	z – Statistic	Prob.
c	0.835498	0.210870	3.962137	0.0001
zhugang	0.461622	0.141551	3.261173	0.0011
jiaoji	-0.239589	0.053503	-4.478032	0.0000
nianji	-0.344814	0.043420	-7.941443	0.0000
R – squared	0.245255	LR statistic		90.40578
Adjusted R – squared	0.240789	Prob (LR statistic)		0.000000

由回归结果可知,在5%的显著水平上,各自变量均通过了 t 检验。方程拟合优度 $R^2=0.25$。同时,由表 4 可知方程联合统计显著。故回归方程为:

$$cishu = exp\ (0.84\ +\ 0.46*zhugang\ -0.24*jiaoji-0.34*nianji) \tag{2}$$
$$(0.21) \qquad (0.14) \qquad (0.05) \qquad (0.04)$$

其中 n = 551,$R^2=0.25$。

三 结论与建议

(一) 结论

1. 家庭收入状况对国家助学金的评定无显著影响

家庭收入不能直接影响国家助学金的评定,这违背了国家设立助学金以资助家庭贫困学生顺利完成学业的初衷,但是这并不能说明由家庭贫困所导致的学生在生活、学习等方面所表现出的生活行为、生活方式等对助学金评定没有影响(如下面所分析的助岗)。可是,这一结果也证实了学界对国家助学金评定的忧虑:在大学生诚信普遍缺失的情况下,为获得国家助学金评定资格而开虚假贫困证明,导致贫困证明泛滥。学生普遍是"贫困生"或"特困生",传递出所有的学生家庭条件一样"贫困"的虚假信号,导致国家助学金不能按家庭实际贫困程度发放,真正需要资助的学生得不到或只得到了较少的资助,增加了其完成学业的难度。

2. 参加助岗对国家助学金的评定有正的显著影响

虽然多数大学生参加助岗的动因并非家庭贫困,而是能结识更多的同学、锻炼自身的能力等,但是参加助岗却能作为家庭贫困的表现之一，较好地传达出家庭贫困的信号，因而更易于获得国家助学金。在其他因素不变的情况下，与不参加助岗相比，一个参加助岗的学生获得国家助学金的次数提升58%。[①] 在诚信缺失和贫困证明泛滥的情况下，将参加助岗作为评定国家助学金的参考指标之一，不失为一个较好的选择。

3. 交际花费的增加，会显著降低国家助学金评定的机会

在其他因素不变的情况下，交际花费每上升一个档次，国家助学金获得的次数会下降21%。[②] 这可能是由于其原本家境就好，申请国家助学金的意愿不强，也可能是其家庭相对贫困，但是人际花费的增多，会给人以家境宽裕的感觉，因而会降低评定国家助学金的机会。

4. 高年级学生获得的国家助学金次数更多

在其他影响因素不变的情况下，每上升一个年级，国家助学金获得的次数会上升29%。[③] 这是制度性的影响，因为根据国家规定，国家助学金每年评定一次，因此，与低年级学生相比，高年级学生获得国家助学金的次数更多。

5. 在民族院校，民族身份对国家助学金的评定无显著影响

这可能是因为在民族院校，少数民族学生较多，因而在实际评定国家助学金的过程中，民族身份并无明显优势。但是，在非民族院校，民族身份对国家助学金评定的影响情况如何，仍需进一步研究。

---

① $(e^{0.46}-1) \cdot 100\% = 58\%$。
② $(e^{-0.24}-1) \cdot 100\% = -21\%$。
③ $(e^{-0.34}-1) \cdot 100\% = -29\%$。

（二）建议

1. 开展国家助学金政策的宣传工作

广泛而深入地开展国家助学金政策的宣传工作，让广大师生了解国家助学金设立的目的与性质，是促使国家助学金公正合理评定、顺利选出家境贫困的学生的先决条件。如上文所述，国家助学金是教育救助的一个重要组成部分，在保障家庭经济困难学生基本生活上发挥着重要作用，在一定程度上缓解了教育贫困现象，这对于促进教育公平和社会公正，实现高等教育事业又好又快发展意义重大。而根据回归分析结果得知，家庭收入状况对国家助学金的评定无显著影响，导致真正需要资助的学生得不到或只得到了较少的资助，增加了其完成学业的难度。因此，应开展广泛而深入的国家助学金资助政策宣传活动，在思想上让广大师生对国家助学金有一个清醒理性的认识，从而保证国家助学金公正合理的发放。

2. 完善国家助学金公示制度

完善国家助学金评定的公示制度，有助于保证严密的监督与反馈机制贯穿于贫困生评定、国家助学金评选、发放以及使用情况的每一个环节，这是确保国家助学金评定公开透明的必要措施，同时这也是用好国家助学金，使国家助学金达到目的、实现价值、发挥作用的根本保证。采取公示制度，不仅要在国家助学金评定之前公示参评范围，而且要在国家助学金评定之后公示评定结果，让每一个参与评定的学生接受师生的监督，这不仅有助于确保家庭贫困学生顺利获得资助，而且有助于保证国家助学金评定环节的透明与公正。

3. 选取部分"软指标"作为评定参考

在评定国家助学金的过程中，由于个别学生为获得评定国家助学金的资格而开具虚假证明，从而挤占了部分家庭贫困的学生获得资助的名额。同时，学校又难以对学生所持有的贫困证明做出有效的鉴别。在这种信息不对称的情况下，学校除了要求学生出具"贫困证明"等材料外，还应全面考虑各种影响因素，将学生日常生活状况等"软指标"作为考察范围，如日常消费状况、国家助学金的使用情况等。可以想象，一个家庭贫困的学生，除了生活必需品的花销之外，不可能在奢侈品等方面有过多的花费，因此，以这些"软指标"作为国家助学金的评定依据是有效的，也是可行的。

国家助学金是为了资助家庭困难的学生顺利完成学业而设立，因此，在评定国家助学金时，应始终坚持贫困生认定这一标准，并进一步探索科学合理的贫困生认定方法，保证国家助学金公开、公正、公平、择优地发放下去，让家庭困难的学生得到资助，确保其顺利完成学业。

参考文献

[1] 马小刚：《高等院校在国家助学金评定中需要重视的几个问题》，《科技教育创新》2011年第5期。

[2] 张向林：《对当前高校国家助学金评定与发放工作的几点思考》，《科技信息》2009年第33期。

[3] 董婷婷：《国家奖助学金评定过程中存在的问题及思考》，《长春理工大学学报》2010年第10期。

[4] 吴新民：《国家奖助学金发放工作中一些问题思考》，《铜陵职业技术学院学报》2008年第1期。

[5] 王荣、何玉琴：《有关国家奖助学金评定中的几个问题》，《新西

部》2009年第14期。

［6］赵桂、李花:《和谐视野下高校国家助学金评定中存在的问题及对策探析》,《高教高职研究》2012年第36期。

［7］段志雁、魏景柱、杨金保:《高校奖助学金发放存在的问题及对策》,《教育探索》2011年第7期。

［8］王凤娟:《大学新生国家助学金评定探讨》,《辽宁行政学院学报》2011年第8期。

4. 民族地区生源地助学贷款政策执行中的问题与对策

——以湖北恩施土家族苗族自治州 X 县为例①

摘要： 与在校国家助学贷款相比，生源地助学贷款在运行机制上更加符合我国国情的某些特征，因而受到了人们越来越广泛的关注。但因助学贷款主体就业去向不定，加大了按期收回的难度和回收成本，加之生源地助学贷款机构不健全，银行贷款积极性不高。出于对其关注，本文以湖北恩施土家族苗族自治州 X 县的调查为例，从政策执行层面进行分析，以便进一步阐明生源地助学贷款政策的运行机制及其优势与局限。

关键词： 生源地助学贷款；政策执行；民族地区；问题调查

随着 1999 年全国高校扩招以及扩招后的高收费，导致了贫困生参与高等教育的经济障碍，而奖、助、补、免助学政策很大程度上又是杯水车薪。为了缓解高校贫困大学生的经济压力，1999 年 6 月，国务院批转了《关于国家助学贷款的管理规定（试行）》。2000 年 2 月，《〈关于助学贷款管理的若干意见〉的

---

① 王世忠：《民族教育研究》2012 年第 2 期。

通知》的出台，进一步推动了国家助学贷款的施行。但是在2003年还款期到来后，还款违约率一直居高不下。为了解除困境，同样，2004年、2005年的几个文件我们在下文统称为"2004年政策"。因1999年政策和2004年政策中高校和高校所在地银行承担了大部分的工作、责任和风险，故称为在校国家助学贷款。

2007年8月13日，为贯彻落实《国务院关于建立健全普通本科高校、高等职业学校和中等职业学校家庭经济困难学生资助政策体系的意见》精神，财政部、教育部、国家开发银行发布《关于在部分地区开展生源地信用助学贷款试点的通知》和《关于要求县级教育行政部门成立学生资助管理中心的紧急通知》，国家生源地信用助学贷款政策正式开始在江苏、湖北、重庆、陕西、甘肃5省市试点。

生源地国家助学贷款（以下简称生源地助学贷款），是指由学生原户籍所在地金融机构办理，享受地方政府财政贴息，用于支持贫困学生完成学业的一种助学贷款形式。与在校国家助学贷款相比，生源地助学贷款在运行机制上更加符合我国国情的某些特征，因而受到了人们越来越广泛的关注。但通过对具体案例贷款政策进行考察，我们会发现它们之间在方案设计上区别明显，政策执行效果也差别显著，这使人们很难确定什么是生源地助学贷款的通行模式，也不能断定什么才是好的生源地助学贷款方式。出于对这一问题的关注，本文以湖北恩施土家族苗族自治州X县的调查为例[①]，从政策执行层面进行了分析，以便进一步阐明生源地助学贷款政策的运行机制及其优势与局限。

---

① 文中数据均由X县学生资助管理中心提供，在此致谢。

一 生源地助学贷款政策执行中的基本情况

湖北恩施土家族苗族自治州X县（以下简称X县）地处鄂西南边陲，在恩施土家族苗族自治州南部，东接鹤峰，西邻咸丰、北与恩施市交界，西南同来凤毗连，东南与湖南省龙山、桑植等县接壤。X县属云贵高原延伸部分，地处武陵山和齐跃山的交接部位，国土总面积2740平方公里。县内聚居着汉、土家、回、苗、侗等24个民族，全县少数民族占总人口的66.56%。现辖6乡3镇，3个居委会，行政村279个，2005年末总户数为9.99万户，总人口34.45万。据当地教育局调查数据，2009年全县参加高考学生共1190人，平均每个行政村约4人，平均每100户为1.1人，占总人口0.34%

X县按照省州的安排，从2007年9月起开展生源地信用助学贷款试点工作。主要开展了以下工作：一、广泛宣传政策，做好前期准备。县教育局会同有关部门，在本县范围内，特别是在有关高级中学利用广大人民群众和学生喜闻乐见的形式，开展家庭经济困难学生资助政策的宣传和咨询等工作，并在相应的地点张贴生源地信用助学贷款的有关政策，介绍湖北省生源地信用助学贷款试点业务和申办及审批的有关流程。二、领导高度重视，工作顺利启动。县教育局主要领导对这项工作高度重视，并切实加强了组织领导，采取了相应措施。2007年8月29日，从计财科抽调人员赴省参加生源地助学贷款工作会议，学习了国家、省生源地信用助学贷款试点工作的有关政策和操作规程。同年9月4日，参会人员向局领导班子集体汇报了会议精神，局党组立即开会研究部署，一是抽调人员，筹建X县学生资助管理中心，并迅速上报县人民政府，请求批复，12月底，X县学生资助管理中心正式成立。二是从9月4日起，迅速启动X县生源地助学贷款工作，确保家庭经济困难学生能够按时顺利入学。

从2007年9月4日起，该县生源地信用助学贷款工作有序进行。9月13日，该县第一批已办结的15名同学的贷款报省开发银行审批。县资助中心的工作人员，联系省州资助中心及相关高校，尽一切努力为申请的学生提供便捷的服务。截至10月12日全县累计报省中心102人，合同总金额186.9万元，其中2007年贷款金额53.436万元。省开发银行审批资金到位后，县资助中心立即协调并配合信用联社将学生贷款一一汇入相应高校账户，并于12月底前全部向贷款学生所在高校寄发了放款通知书。

2008年全国25个省市全面启动生源地助学贷款工作。8月25日，湖北省生源地助学贷款业务培训现场会在新洲召开。会后，该县按照省里的有关安排，迅速开始办理2008年度助学贷款。截至11月底，一方面完成2007年已申请大学生续贷92人，共498160元，另一方面，完成2008年新申请贷款的大学生183人，共1055200元。开发银行分两批审核发放，第一批新贷177人，共1020900元，续贷92人，共498160元，已于2009年2月协助县联社营业部汇划完毕，并同时向各高校寄送放款通知书；第二批6人共34300元，2009年5月份由省开发银行审核放款，截至调查期间，正在汇划过程中。同时，2009年3月受理并结办已毕业大学生还款2人，共11800元。

X县既是少数民族聚居区又是国家级贫困县，基础教育资源的匮乏使得这里的学生高考上线人数多数在本科二批次以下。根据现有的成本分担原则，一批次本科院校平均收费为5000元到6000元，二批次本科院校学费平均为5000元到7000元，民办机制的本科三批次属于独立学院，采取的是大学成本捆绑收费，学费金额平均达 10000 元到 15000 元，没有奖学金制度。该县 2009 年高考人数为 1190 人，全县考生达本科一批次录取资格人数有 10 人，多数达本科二批次与三批次或专科批次的录取分数线。高昂的学费使得很多考生家庭因缺钱而放弃学业，从市场运行规则——优质优价这一角度来看，我们国家的高等院校学费收取标准又与以上运行规则不相符，因此，这些学生就会更需要助学贷款政策惠及他们身上。

二 生源地助学贷款政策执行中的问题

生源地信用助学贷款是国家助学贷款的重要组成部分。开展生源地信用助学贷款试点工作，是进一步完善国家助学贷款运行机制，推动国家助学贷款工作的重要步骤，对进一步完善家庭经济困难学生资助体系，使家庭经济困难学生能够上得起学，意义十分重大。X 县按照省州的有关安排，在积极执行生源地信用助学贷款的同时，还存在很多问题。

1. 对应届生与往届生办理助学贷款的要求不同，申请表也不同。贷款资格的相关资格证明的办理程序简单。2007 年政策中还贷时间为在校的 4 年和 10 年的延缓期，一共 14 年。这种长宽限时间的特点，加上社会大环境的影响，学生信用意识淡薄。尽管我们国家一再努力营造良好的社会信用环境，但至目前尚不尽如人意，一些学生信用意识较差，逃债、赖债思想严重，他们利用毕业后双向选择的机会，故意对贷款银行隐瞒其就业趋向、联系电话、收入状况等相关个人信息，从而加大了银行追讨债务的难度，也抑制了银行发放助学贷款的积极性。因此，在一定程度上，信用问题依然是制约银行承办助学贷款最关键、最敏感的事情。目前在我们国家还没有建立起一套完善的个人信用记录和征信体系为助学贷款服务，作为助学贷款承办行，由于缺乏必要的依据和手段，对大学生的信用程度难以预测，即使发生恶意拖欠、逃避贷款问题，也不能及时采取有效手段进行防范、约束和惩戒，这对于贷款银行来说不会没有后顾之忧。

2. 县资助中心作为独立法人资格的单位，每年有3000元的办公经费，资助中心有编制的工作人员为3人，到省开发银行报送材料，一趟费用近1000元，每年至少3趟，共3000元。办公经费还包括文件、表格打印等日常办公所需，在电视、报纸上宣传生源地贷款广告、咨询电话等费用，3000元的办公费是远远不够的。为使这项工作较为全方位的展开，县教育局越重视这项工作的展开就越要不断贴钱。这对贫困地区的县教育局较为薄弱的财政支付能力来说，其积极性受到严重影响。

3. 恩施州8个县市只设有一位省开发银行的客户经理，具体的助学贷款协议以银行单方面的利益为中心而设计。开发银行若出现呆、死账，县政府要承担一半责任，中央财政有15%的风险金。假设银行发放了100万贷款金额，收回85万，这种情况下，银行保住成本；如果贷出100万，收回100万，就把返还金额的15%返给县资助中心，作为业务经费；如果贷出100万，只收回60万，25万由县财政和开发银行平均分担责任。2008年开发银行改制为商业银行，2008年在新州举办的助学贷款会议，开发银行的参会积极性不高，省里领导不得不出面协调。

因此，助学贷款业务的特殊性也影响助学贷款的开展。助学贷款是一项政策性较强的信贷业务，它与商业银行以营利为目的的经营目标不尽一致。商业银行以效益性、安全性、流动性作为其经营原则，而助学贷款的特点是贷款额度小、期限长、涉及人数多、贷后管理难、效益难保障，与商业银行其他贷款业务相比，成本效益显然不具优势。对于承办此项业务的商业银行来讲，追求利润最大化、风险最小化的目标与助学贷款本身所具有的收益低、风险大的特点相矛盾，在一定程度上制约了商业银行开展此项业务的积极性。此外，银行与高校缺乏配合意识，贷款关系建立后，银行将贷款金额直接汇到学校账户上，学生上学路费、生活用品等日常开支无法提取。

由此可见，开发银行以营利为目的和资助中心以公益事业为目标，在双方合作的时候，冲突是不可避免的。

4. 助学贷款主体就业趋向不定，加大了助学贷款按期收回的难度和回收成本。众所周知，一般高校都集中在一些大、中城市，欠发达地区的学生很少在本地深造，他们毕业后实行双向选择，有的去了其他城市就业，有的又继续深造，有的一时难以找到合适工作，也有的学生因不求上进而碌碌无为，总之，欠发达地区的学生高校毕业后，主动选择回贷款地就业的相当少，这对于银行收贷收息工作极为不利。银行只能采取两种方式：一是对拖欠贷款的学生进行追讨、催讨或者依法起诉，但由于此类贷款一般金额较小，学生毕业后就业趋向又不定，一旦要追讨或依法起诉，其回收贷款成本将远远大于追讨金额，入不敷出，也无疑增加了银行的信贷风险；二是向其贷款担保人——父母追讨，由于近几年自然条件日趋恶劣，他们有的为了谋生而迁往外地，有的维持正常的生活尚且困难，更不要说归还贷款了。因此银行是放款容易收款难，以 X 县为例，开办助学贷款以来确实让多名学子解了燃眉之急，送他们走上了继续深造之路，但主动上门还贷者寥寥无几，金额更是甚少。

三 生源地助学贷款政策执行中问题的对策

1. 建立以贷款学生家长为户名的个人信用档案。目前，要建立全国范围内联网的个人信用资信登记系统还有许多实际困难，又由于土生土长的农户具有稳定的居住地，因而只有先对贷款学生建立以家长为户名的个人信用档案，进行跟踪服务与监控，能部分改善助学贷款业务的信用环境。农村信用社、邮政储蓄是最贴近农民的金融机构，对农户每家每户了如指掌，在农村，只有依托基层农村信用社对贷款学生建立以其家长为户名的个人信用登记档案，进行规范管理。

2. 省级政府应该组织财政、教育、税务等部门研究制定具体的关于生源地信用助学贷款管理办法，对贷款对象、条件、利率、金额、期限、偿还方式贴息（担保）、风险补偿（担保代偿）等做出统一规定，并明确市、县级政府的相关责任，明确区县级管理中心的责任和国开行和经办银行的责任，对于人员的编制、工作的责任归属都要有明确的规定，确保"有制可依"。

3. 生源地助学贷款是政策性极强的公益性的贷款，省开发银行是商业银行，商业银行以利润最大化为目标，但对于助学贷款业务来说，其作为政策性银行来承办。办理这项高风险、高成本、低收益的政策性极强的商业贷款更多的是为了完成国家指令，而非完全的市场行为。而带有政策性指令的银行是执行国家有关长期性融资政策的机构，在很大程度上充当政府投资的代理人，它把计划、财政、金融的政策性投融资业务结合起来，是有效的政府投资运作机制，因此由政策性银行来承办这项政策性贷款是最合适不过的。同时，建立助学贷款风险多渠道分担机制，改变贷款风险集中于经办银行的做法。贷款风险是影响助学贷款业务发展的主导因素，有关部门应在现有的助学贷款风险补偿金的基础上，积极探索更多的风险分担渠道，帮助经办银行降低风险。还可借鉴部分地区开展的助学贷款保险业务先进经验，引入保险公司对助学贷款业务提供保险，在不增加学生经济负担的情况下，提高助学贷款业务的抗风险能力。

4. 参照财政部、教育部出台的部属院校国家助学贷款代偿资助政策，出台与生源地信用助学贷款配套的贷款代偿政策，将本来应该由地方上出的风险补偿金，用来代偿学生的信用贷款。这样可以促使高校毕业生面向地方、面向艰苦边远地区、基层单位就业或地方公益性工作岗位就业，既有助于发展地方的经济，也同样可以解决大学生就业困难的问题。针对特别贫困的学生，应该有这样的规定：贷款额的5%—10%可允许学生先在当地取出，用以支付去往高校的路费。这样既可以弥补贷款政策中的不足，也可以使学生感受到政策的细致，感受到国家的关怀。

参考文献

一 中文文献

（一）著作类

1. 中文原文

财政部财政科学研究所《绩效预算》课题组：《美国政府绩效评价体系》，经济管理出版社2004年版。

陈晓宇、陈良焜：《2002—2010年中国教育经费供求前景分析》，载闵维方《高等教育运行机制研究》，人民教育出版社2002年版。

陈振明：《政府再造——西方"新公共管理运动"述评》，中国人民大学出版社2003年版。

邓国胜：《非营利组织评估》，社会科学文献出版社2001年版。

邓红风：《少数的权利——民族主义、多元文化主义和公民》，上海世纪出版集团2005年版。

丁小浩：《中国高等院校规模效益的实证研究》，教育科学出版社2000年版。

董云川、张建新：《高等教育机会与社会阶层》，科学出版社2008年版。

范文曜、马陆亭：《国际视角下的高等教育质量评估与财政拨款》，教育科学出版社2004年版。

龚刚敏：《我国高等教育供求矛盾与公共政策——基于财政学视角的分析》，中国财政经济出版社2009年版。

甘华：《高等教育成本分担研究——基于准公共产品理论分析框架》，上海财经大学出版社2007年版。

蒋国河：《教育获得的城乡差异》，知识产权出版社2007年版。

靳希斌：《中国教育经济学理论与实践》，四川教育出版社2008年版。

李文利：《从稀缺走向充足——高等教育的需求与供给研究》，教育科学出版社2008年版。

林刚、武雷等：《高等教育成本研究》，中国人民大学出版社2008年版。

林文达：《教育财政学》，三民书局1987年版。

刘玲玲：《公共财政学》，中国发展出版社2003年版。

陆根书、钟宇平：《高等教育成本分担的理论与实证分析》，北京师范大学出版社2002年版。

马陆亭、徐孝民：《国际教育投入与学生资助》，高等教育出版社2007年版。

马戎：《民族与社会发展》，民族出版社2001年版。

马经：《助学贷款国际比较与中国实践》，中国金融出版社2003年版。

闵维方、杨周复、李文利主编：《为教育提供充足的资源》，人民教育出版社2003年版。

闵维方、丁小浩、李文利：《探索教育变革：经济学和管理政策的视角》，教育科学出版社2005年版。

闵维方：《高等教育运行机制研究》，人民教育出版社 2002 年版。

闵维方：《中国经济的转型发展与高等教育财政改革：回顾与展望》，北京大学中日高等教育财政研讨会，2006 年。

宁国良：《公共利益的权威性分配——公共政策过程研究》，湖南人民出版社 2005 年版。

曲恒昌、曾晓东：《西方教育经济学研究》，北京师范大学出版社 2000 年版。

沈勇：《教育服务管理——基于学生满意的视角》，知识产权出版社 2008 年版。

史瑞杰：《效率与公平：社会哲学的分析》，山西教育出版社 1999 年版。

史瑞杰等：《从精英教育到大众教育——高等教育发展中的效率与公平问题研究》，高等教育出版社 2008 年版。

滕星：《族群、文化与教育》，民族出版社 2002 年版。

滕星、王铁志：《民族教育理论与政策研究》，民族出版社 2009 年版。

王蓉：《公共教育解释》，中国财政经济出版社 2009 年版。

王蓉、鲍威：《高等教育规模扩大过程中的财政体系中日比较的视角》，教育科学出版社 2008 年版。

吴庆：《公平述求与贫困治理：中国城市贫困大学生群体现状与社会救助政策》，社会科学文献出版社 2005 年版。

吴仕民：《中国民族政策读本》，中央民族大学出版社 1998 年版。

谢维和、文雯、李乐夫：《中国高等教育大众化进程中的结构分析——1998—2001 年的实证研究》，教育科学出版社 2007

年版。

谢宇：《回归分析》，社会科学文献出版社 2010 年版。

徐淑英、张维迎：《管理科学季刊最佳论文集》，北京大学出版社 2005 年版。

熊波：《机会均等视角下的高等教育成本分担机制研究》，华中师范大学出版社 2010 年版。

薛求知、黄佩燕、鲁直、张晓蓉：《行为经济学——理论与应用》，复旦大学出版社 2003 年版。

杨东平：《中国教育公平的理想和现实》，北京大学出版社 2006 年版。

杨克瑞：《战后美国联邦政府大学生资助政策研究》，北京师范大学出版社 2008 年版。

杨之刚：《公共财政学》，上海人民出版社 1999 年版。

袁振国：《教育政策学》，江苏教育出版社 2001 年版。

岳昌君：《教育计量学》，北京大学出版社 2009 年版。

曾满超、魏新、萧今：《教育政策的经济学分析》，北京人民教育出版社 2000 年版。

张民选：《理想与抉择——大学生资助政策的国际比较》，人民教育出版社 1998 年版。

张维迎：《博弈论与信息经济学》，上海三联书店 1999 年版。

詹姆斯·莫里斯：《詹姆斯·莫里斯论文精选（非对称信息下的激励理论）》，张维迎译，商务印书馆 1997 年版。

赵中建：《高等学校的学生贷款》，四川教育出版社 1996 年版。

张馨、杨志勇、赫联峰、袁东：《当代财政与财政学主流》，东北财经大学出版社 2000 年版。

张亲培等：《公共政策与社会公正》，吉林人民出版社 2009 年版。

钟宇平、陆根书：《高等教育需求影响因素分析——一个系统分析框架》，经济日报出版社 2006 年版。

周勇：《少数人权利的法理》，社会科学文献出版社 2002 年版。

2. 中文译著

阿瑟·奥肯：《平等与效率》，华夏出版社 1987 年版。

阿特金森、斯蒂格里茨：《公共经济学》，上海三联书店 1992 年版。

埃莉诺·奥斯特罗姆：《公共事物的治理之道——集体行动制度的演进》，余逊达、陈旭东译，上海三联书店 2000 年版。

保罗·萨缪尔森、威廉·诺德豪斯：《经济学》（第 16 版），华夏出版社 1999 年版。

布坎南：《民主过程中的财政》，上海三联书店 1989 年版。

戴维·希尔德布兰德、加德曼·R. 爱沃森、约翰·H. 奥尔德里奇等著：《社会统计方法与技术》，社会科学文献出版社 2005 年版。

道格拉斯·C. 诺斯：《制度、制度变迁与经济绩效》，上海三联书店 1994 年版。

多纳德·E. 海伦：《大学的门槛：美国低收入家庭子女的高等教育机会问题研究》，北京师范大学出版社 2007 年版。

弗兰克·费希尔：《公共政策评估》，吴爱明、李平等译，中国人民大学出版社 2003 年版。

金子元久：《高等教育财政与管理》，刘文君译，华东师范大学出版社 2010 年版。

肯尼斯·J. 阿罗：《社会选择与个人价值》，上海世纪出版集团 2010 年版。

理查德·威廉姆斯：《组织绩效管理》，蓝天星翻译公司译，清华大学出版社 2002 年版。

罗伯特·E. 古丁：《保护弱势——社会责任的再分析》，李茂森译，中国人民大学出版社 2008 年版。

罗尔斯：《正义论》，中国社会科学出版社 1998 年版。

罗纳德·G. 艾伦伯格：《美国大学学费问题》，北京师范大学出版社 2007 年版。

罗尔斯：《作为公平的正义》，姚大志译，上海三联书店 2004 年版。

曼瑟尔·奥尔森：《集体行动的逻辑》，陈郁等译，上海三联书店 1995 年版。

Martin carnoy 编著：《教育经济学国际百科全书》（第 2 版），闵维方等译，高等教育出版社 2000 年版。

帕特里夏·基利等：《公共部门标杆管理：突破政府绩效的瓶颈》，张定淮译，中国人民大学出版社 2002 年版。

佩德罗·泰克希拉、本·琼布罗德、大卫·笛尔、阿尔伯特·亚玛瑞尔：《理想还是现实——高等教育中的市场》，胡咏梅、高玲等译，北京师范大学出版社 2008 年版。

乔治·克罗斯科：《公平原则与政治义务》，毛兴贵译，江苏人民出版社 2009 年版。

乔纳森·特纳：《社会学理论的结构》，华夏出版社 2001 年版。

Robert B. Maddux：《有效的绩效评估》，王哲、张珺译，中山大学出版社 2001 年版。

思拉恩·埃格特森：《经济行为与制度》，商务印书馆 2004 年版。

桑贾伊·普拉丹著：《公共支出分析的基本方法》，蒋洪等译，中国财政经济出版社 2000 年 2 月版。

斯图亚特·S. 那格尔：《政策研究百科全书》，林明译，科技文献出版社 1990 年版。

苏珊·韦尔奇、约翰·科默：《公共管理中的量化方法：技术与应用》，郝大海等译，中国人民大学出版社 2003 年版。

威廉·N. 邓恩：《公共政策分析导论》（第 2 版），中国人民大学出版社 2002 年版。

西奥多·H. 波伊斯特：《公共与非营利组织绩效考评：方法与应用》，肖鸣政等译，中国人民大学出版社 2005 年版。

D. B. 约翰斯通：《高等教育财政：问题与出路》，沈红、李红桃译，人民教育出版社 2004 年版。

詹姆斯·D. 格瓦特尼、理查德·L. 斯特鲁普、卢瑟尔·S. 索贝尔：《经济学：私人与公共选择》，中信出版社 2003 年版。

詹姆斯·布坎南：《自由、市场与国家》，上海三联书店 1989 年版。

（二）论文类

安·玛莉：《美国助学贷款的经验及其对中国的启示》，《北京大学教育评论》2004 年第 1 期。

敖俊梅：《关于少数民族高等教育招生政策概念的探讨》，《高教研究与实践》2004 年第 2 期。

陈良焜：《我国高等教育实行个人（家庭）成本补偿的必然性》，《教育研究》1996 年第 8 期。

陈晓宇：《论高等教育成本补偿》，北京大学博士学位论文，1998年。

陈晓宇、闵维方：《成本补偿对高等教育机会均等的影响》，《教育与经济》1999年第3期。

陈巴特尔、沈红：《高校收费条件下蒙古族贫困生助学贷款的调查研究》，《民族教育研究》2003年第1期。

陈柳：《少数民族贫困大学生资助政策研究》，《理工高教研究》2005年第12期。

D.B.约翰斯通：《高等教育成本分担中的财政与政治》，《比较教育研究》2002年第1期。

D.B.约翰斯通：《按收入比例还款型学生贷款在发展中和转型国家的适用性》，《北京大学教育评论》2004年第1期。

邓炜：《建立高校学生资助政策的价值激励体系——高校学生资助政策体系现实缺陷的分析与对策》，《教育财会研究》2002年第6期。

丁小浩：《对中国高等院校不同家庭收入学生群体的调查报告》，《清华大学教育研究》2000年第2期。

丁小浩：《居民家庭高等教育开支及其挤占效应研究》，《北京大学教育评论》2003年第1期。

丁小浩：《规模开展背景下中国高等教育面临的挑战》，载闵维方等《"为教育提供充足的资源"教育经济学国际研讨会论文集》，人民教育出版社2003年版。

丁小浩：《中国高等教育入学机会均等化：1990年代的变化及分析》，《北京大学教育经济研究所简报》2003年第11期（内部资料）。

丁小浩：《规模扩大与高等教育入学机会均等化》，《北京大学教育评论》2006年第2期。

丁小浩、梁彦：《中国高等教育入学机会均等化程度的变化》，《高等教育研究》2010年第2期。

丁小浩：《中日高等教育成本补偿相关问题的比较研究》，《教育与经济》2002年第2期。

丁小浩：《中国高等教育入学机会均等化：1990年代的变化及分析》，《北京大学教育经济研究所简报》2003年第11期（内部资料）。

丁小浩等：《未来二十年中国教育经费需求分析》，"中国教育与人力资源问题研究"课题组资料，2003年（内部资料）。

傅淑琼：《〈1997年纳税人救助法〉——美国大学生资助政策的重大转变》，《复旦教育论坛》2006年第4期。

高晓清：《苏格兰入学、学费及资助政策新动态》，《现代大学教育》2006年第4期。

郭丛斌、曾满超、丁小浩：《中国高校理工类学生教育及就业状况的性别差异》，《高等教育研究》2007年第11期。

苟人民：《从城乡入学机会看高等教育公平》，《教育发展研究》2006年第5期。

哈巍：《高等教育机会均等与学生资助——北京大学个案研究》，北京大学，2002年。

哈巍：《谁来为高等教育付费——高等教育成本补偿的国际比较》，《教育发展研究》2002年第3期。

郝大海：《中国城市教育分层研究（1949—2003）》，《中国社会科学》2007年第6期。

韩同高：《少数民族聚居地贫困大学生资助活动的政策思考》，《石油教育》2004年第5期。

何建中:《国外助学贷款的理论研究和实践探索及对我国的启示》,《上海经济研究》2008年第4期。

胡茂波:《地方民族院校学生家庭付费能力及资助的实证研究——湖北民族学院个案》,华中科技大学,2005年。

李红:《少数民族贫困学生的现状研究和对策——以西南民族大学为例》,《西南民族大学学报》(人文社科版)2003年第8期。

李慧勤:《高校经济困难学生资助政策实证研究》,《经济研究参考》2005年第5期。

李文长、刘亚荣:《国家助学贷款的现状及政策分析》,《高等教育研究》2005年第5期。

李文利:《高等教育成本补偿政策对社会公平的促进作用》,《江苏高教》2001年第3期。

李文利:《美国、加拿大高校学生贷款研究》,《比较教育研究》2004年第10期。

李文利:《国家助学贷款的理论探讨和实证分析》,《教育与经济》2004年第2期。

李文利、闵维方:《高校在校生私人教育支出及付费意愿研究》,《高等教育研究》2002年第3期。

李文利、魏新:《论高等教育入学机会的影响》,《北京大学教育评论》2003年第3期。

李莹:《教育政策评价的发展脉络及启示》,《中国高等教育评估》2006年第2期。

凌峰、赵丹、汪文哲:《基于目标的高校学生资助绩效考核研究》,《辽宁行政学院学报》2010年第12期。

刘宝存:《美国肯定性行动计划与少数民族高等教育的发

展》,《外国教育研究》2002年第7期。

刘海波:《高校学费——贷款资助政策体系的问题与改进研究》,《中国高教研究》2005年第10期。

罗朴尚、宋映泉、魏建国:《高等教育学生资助政策体系课题研究报告》,北京大学中国教育财政科学研究所,2009年(内部资料)。

罗朴尚、宋映泉、魏建国:《中国现行高校学生资助政策评估》,《北京大学教育评论》2011年第1期。

陆根书:《高等教育成本回收:对中国大学生付费能力与意愿的研究》,香港中文大学哲学博士学位论文,1999年。

闵维方:《论高等教育成本补偿政策的理论基础》,《北京大学学报》(哲学社会科学版)1998年第2期。

闵维方:《社会主义市场经济体制条件下高等教育运行机制的基本框架》,《高等教育研究》2001年第4期。

潘建军、谢革利:《美国大学生多元化资助方式评析》,《北京教育学院学报》2006年第3期。

覃殿益:《民族院校贫困生问题解决途径新探》,《广西民族学院学报》(哲学社会科学版)2003年第6期。

戚业国:《高等教育收费与学生资助的理论基础》,《江苏高教》1998年第6期。

石华富:《民族高校的少数民族贫困生欠费问题调查与思考》,《湖北民族学院学报》(哲学社会科学版)2003年第4期。

孙涛、沈红: 《基于家庭经济状况调查的高校贫困生认定——国际比较的视角》,《外国教育研究》2008年第10期。

唐滢:《收费及大众化背景下少数民族高等教育发展的特殊性》,《中国民族教育》2002年第4期。

王康平、潘懋元：《高校学费与学生资助政策研究》，《高等教育研究》2001年第1期。

王蓉：《办人民满意的学校——一个关于中小学校的民众满意度调查》，《北京大学教育评论》2008年第4期。

王世忠：《关于教育政策执行的涵义、特征及其功能的探讨》，《湖北教育学院学报》2001年第1期。

魏黎、沈红：《大学生资助制度的理性重构——新制度经济学的视角》，《2005年中国教育经济学年会会议论文集》。

小林雅之：《学生资助和高等教育机会均等》，《教育与经济》2005年第4期。

熊志忠：《教育成本分担制与国内外高校学生资助政策的比较研究》，《高教研究》2005年第2期。

许勤、闻继威：《大学生经济资助体系中的有效主体分析及资助模式探讨》，《中国高等教育》2004年第12期。

徐国兴：《中美日大学生资助政策新动向的比较研究》，《复旦教育论坛》2008年第6期。

徐国兴：《我国大学生资助政策力度的实证分析——以H大学为例》，《教师教育研究》2008年第2期。

严文蕃：《论社会资本对美国少数民族学生参与高等教育的影响：多层次线性分析》，唐滢译，《教育研究》2003年第4期。

阎凤桥、闵维方：《对于我国高等教育资源配置中存在的"木桶现象"的探讨》，《教育与经济》1999年第2期。

杨钋：《高校学生资助影响因素的多水平分析》，《教育学报》2009年第6期。

杨钋：《大学生资助对学业发展的影响》，《清华大学教育研究》2009年第12期。

杨诚虎：《国家资贫助学政策评估——一项基于S大学的经验研究》，《辽宁教育研究》2006年第10期。

岳昌君：《教育对个人收入差异的影响》，《经济学》（季刊）2004年第3期。

岳昌君：《我国教育发展的省际差距比较》，《华中师范大学学报》（人文社会科学版）2008年第1期。

岳昌君、邢惠清：《预期收益对不同级别教育需求的影响》，《教育理论与实践》2003年第9期。

岳昌君、刘燕萍：《教育对不同群体收入的影响》，《北京大学教育评论》2006年第2期。

詹鑫：《英国高校改革：学生资助与教育参与》，《比较教育研究》2004年第4期。

张保庆：《扩招与高等教育的发展》，《求是》2002年第16期。

张保庆：《规范高校收费，全面落实贫困学生资助政策》，《中国高等教育》2004年第19期。

张京泽、王丽萍、覃鹏：《关于民族院校贫困生的资助措施及思考》，《民族教育研究》2004年第5期。

张建奇：《"免学费加人民助学金"政策的形成、实施及其作用和影响》，《清华大学教育研究》2002年第4期。

张建奇：《1983年以来我国大学生资助的演变》，《现代大学教育》2003年第1期。

张民选、李荣安：《高等教育机会均等与大学生资助政策变迁及新的挑战》，《教育发展研究》1997年第12期。

张民选：《美国大学生资助政策研究》，《高等教育研究》1997年第6期。

张民选:《国际透视:大学生资助政策的变革与发展》,《国家高级教育行政学院学报》2000年第5期。

张红峰、顾月琴:《美国高校资助政策的经济学分析——基于〈高校入学与成本降低法案〉的研究》,《黑龙江高教研究》2008年第9期。

张蓉、张炜:《美国高校"高学费高资助"政策研究及启示》,《西北大学学报》(哲学社会科学版)2008年第3期。

钟宇平、陆根书:《成本分担:中国高等教育财政的另类选择》,《上海高教研究》1997年第12期。

左玉珍:《我国贫困大学生问题研究述评》,《黑龙江教育》(高教研究与评估)2006年第9期。

二 英文文献

Ahn T., Arnold V., Charnes A., Cooper W. W. 1989. *DEA and Ratio Efficiency Analysis for Public Institutions of Higher Learning in Texas*. Research in Governmental and Nonprofit Accounting, 5.

Aigner D., Lovell C. A. K., Schmidt P. 1977. *Formulation and Estimation of Stochastic Frontier Production Models*. Journal of Econometrics, 6 (1).

Alan C. Kerckhoff, Lorraine Bell Haney and Elizabeth Glennie (2001), *System Effects on Educational Achievement: A British - American Comparison*, Social Science Research, 30.

Arrow K. 1962. *The Implications of Learning by Doing*. Review of Economics Studies, 19.

Athanassopoulos A. D., Shale E. 1997. *Assessing the comparative efficiency of educational institutions in the UK by means of data envel-*

opment analysis. Education Economics, 5 (2).

Barnes, G. T. &Neufeld, J. L. *The Predictability of College Financial aid Offers: Evidence from The Class of* 1972. Economic Inquiry, 1980 (4).

Bartel A. P. 1995. *Training, Wage Growth and Job Performance: Evidence From a Company Database.* Journal of Labor Economics, 13 (3).

Becker G. S. 1993. *Human Capital: a Theoretical and Empirical Analysis, With Special Reference to Education.* 3rd edition. Chicago: The University of Chicago Press.

Becker W. E. 1990. *The Demand of Higher Education*, Hoenack S. A., Collins E L. The economics of American universities: management, operations, and, fiscal environment. Albany: State University of New York Press.

Bound J., Lovenheim M., Turner S. 2006. *Understanding the Increased Time to The Baccalaureate degree.* A presentation at Stanford University School of Education.

Bowen H. 1977. *Investment in learning: the Individual and Social Value of American Higher Education.* San Francisco, California: Jossey-Bass.

Bowen H. 1980. *The Costs of Higher Education.* San Francisco: Jossey Bass.

Brinkman P. T. 1981. *Factors Affect Instructional Costs at Major Research Universities.* Journal of Higher Education, 52.

Bronislaw Malinowski. 1964. A Scientific Theory of Culture and Other Essays. London: Oxford University.

Brovender S. 1974. *On the Economics of a University: Toward the Determination of Marginal Cost of Teaching Services*. Journal of Political Economy, 82.

Bruch T., Barty A. 1998. *Internationalizing British Higher Education: Students and Institutions*, Scott, P. The globalization of higher education. SRHE and Open University Press.

Canton, Erik and Andreas Blom (2004), *Can Student Loans Improve Accessibility to Higher Education and Student Performance? An Impact Study of the Case of SOFES, Mexico*, World Bank Policy Research Working Paper, No. 3425, The World Bank, Washington, D. C.

Carneiro P., Heckman J. J. 2002. *The Evidence on Credit Constraints in Post - Secondary Schooling*. The Economic Journal, 112 (Oct.).

Carnoy M. 1972. *The Political Economy of Education*, Labelle T. Education and development in Latin America and the Caribbean. Los Angeles, CA: UCIA Latin American Center.

Carnoy M. 1995. *Rates of Return to Education*, Carnoy M. The international encyclopedia of education. Oxford, UK: Cambridge University Press.

Carnoy M. 2006. *Higher Education and Economic Development: India, China, and the 21st Century*. Paper Presented at the Pan Asia Conference: Focus on Economic Challenges. May 31 - June 3.

Cohn E., Rhine S. L. W., Santos M. C. 1989. *Institutions of Higher Education as Multi - product Firms: Economies of Scale and Scope*. Review of Economics and Statistics, 71.

Colclough, C. 1991. *Who Should Learn to Pay ? An Assessment of Neo – liberal Approaches to Education Policy.* In C. McCullough and J. Manor (eds.). States or Markets? Neo – liberalism and the Development Policy Debate. Oxford: Clarendon Press.

Colclough, C. 1996. *Education and the Market: Which Parts of the Neoliberal Solution are Correct?* World Development, 24 (4).

Colclough, C. 1997. *Education, Health, and the Market: An Introduction.* In C. Colclough (ed.) Market zing Education and Health in Developing Countries. Oxford: Clarendon Press.

Dresch, S. P. 1975. *A Critique of Planning Models for Postsecondary Education: Current Feasibility, Potential Relevance, and a Prospectus for Future Research.* Journal of Higher Education, 46 (3).

D. B. Johnstone. 1992. *Tuition Fees*, Clark B. R., Neave G. The encyclopedia of higher education : Vol. 2. London: Pergarnon press.

Denison E. F. 1967. *Why Growth Rates Differ: Post—War Experience in Nine Western Countries.* Washington, DC: Brookings Institute.

Denison E. F. 1979. *Accounting for Slower Economic Growth: The United States in the 1970s.* Washington, DC: Brookings Institute.

Duchesne, Nonneman W. 1998. *The Demand for Higher education in Belgium*. Economics of Education Review, 17 (2).

Duffy E. A. &Goldberg, *A. Crafting a Class, College Admissions and Financial Aid:* 1955—1994. Princeton, NJ: Princeton U niversity Press, 1998.

Dundar H., Lewis D. R. 1995. *Departmental productivity in American universities: economies of scale and scope*. Economics of Education Review, 14.

Ellwood D. T., Kane T. J. 2000. *Who is getting a college education?: family background and the growing gaps in enrollment*. Danziger S, Waldfogel J. Securing the future: investing in children from birth to college. New York: Russell Sage Foundation.

Fisher, R. A., (1925), *The Desi gn of Experiments*, 1st ed, Oliver and Boyd, London: Rubin, D1 (1974), Estimating Causal Ef fects of T reatments in Randomi zed and N onrandomi zed Studies, Journal of Educational Psychology, 66.

Fleisher B., Dong K., Liu Y. 1996. *Education, Enterprise Organization and Productivity in the Chinese paper Industry*, Economic Development and Cultural Change, 44.

Fleisher B. 2002. *Higher Education in China: a Growth Paradox?* Depanment of Economics, Ohio State University.

Fleisher B., Hu Y., Li H. 2006. *Economic Transition, higher education and worker Productivity*. Georgia Tech School of Economic [Working Papers].

Gross, B., T. K. Booker&D. GoldhaBer. *Boosting Student Achievement: The Effect of Comprehensive School Reform on Student Achievement*. Educational Evaluation and Policy Analysis, 2009, 31 (2).

Grubb, W. N., & Tuma, J. *Who gets student aid? Variations in access to aid*. Review of Higher Education, 1991 (3).

Hansen, W. L., and Weisbrod, B. A. *The Distribution of Cost and Benefits of Public Higher Education*: *The Case of California*, Journal of Human Resources, 1969, 4 (2).

Hansen W. L. 1983. *Impact of Financial aid on Access*, Froomkin J. The crisis in higher education. New York: The Academy of Political Science.

Heller D E. *Student price Response in higher Education.* The Journal of Higher Education, 68 (6) (Nov/Dec) 1997.

Hansen, W. L. 1983. *Impact of Student Financial Aid on Access.* In J. Froomkin (ed.). The Crisis in Higher Education. New York: The Academy of Political Science.

Jackson, G. A. 1988. *Did College Choice Change During the Seventies?* Economics of Education Review, 7 (1).

Jimenez, E. 1987. *Pricing policy in the Social Sectors*, The Johns Hopkins University Press [Published for the Word Bank].

Johnstone, D. B. 1991. *The Cost of Higher Education.* In P. G. Altbach (ed.). International Higher Education: An Encyclopedia. New York: Garland Pub.

Julian R. Betts and Darlene Morell. 1999. *The Determinants of Undergraduate Grade Point Average*: *The Relative Importance of Family Background, High School Resources, and Peer Group Effects*, The Journal of Human Resources, 34 (2).

Kane, J. & Spizman, L. M. Race, *financial aid awards and college attendance*: *Parents and Geog Raphy matter.* American Journal of Economics and Sociology, 1994 (1).

Kane, T. J. 1995. *Rising Pubic College Tuition and College En-*

try: *How Will Do Public Subsidies Promote Access to college* ? New York: National Bureau of Economic Research Working Paper Series, No. 5164.

Lee, S. S. , Ram, R. 1999. and Smith, *C. W. Distributive Effect of State Subsidy to Undergraduate Education*: *The Case of Illinois*, Economics of Education Review, 18.

Leslie, L. and Brinkman. 1988. The Economic Value of Higher Education. New York: Macmillan.

Mcpherson, M. S. 1978. The Demand for Higher Education. in D. W. Breneman and C. e. Finn, Jr. (eds.) . Public Policy and Private Higher Education. Washington. D. C. : The Brookings Institution.

McPherson, M. S. *How can we tell if Federal Student aid is working?* New York: College Entrance Examination Board, 1988; St John, E. P. & Noell, J. *The effects of student financial aid on access to higher education*: *an analysis of Progress with Special Consideration of Minority Enrollment.* Research in Higher Education, 1989 (30) .

Mingat, A. and Tan, J. - P. 1985. *On Equity in Education Again*: *An International Comparison.* Journal of Human Resources, 20 (2) .

Mingat, A. and Tan, J. - P. 1986b. *Who Profits from the Public Funding of Education*: *A Comparison of World Regions.* Comparative Education Review, 30 (2) .

McPherson. M. S. and Schapiro, M. O. 1994. *College Choice and Family Income*: *Changes over Time*: *in the Higher Education Destinations of Students from Different Income Background.* Williamstown: Williams Project on the Economics of Higher Education Discussion Paper, No. 29.

Mahajan, V. & Muller, E. 1986. *Advertising Pulsing Policies for Awareness for New Products.* Alarketing Science, 5 (2).

Perry, L. B. 2009. *Conceptualizing Education Policy in Democratic Societies.* Educational Policy, 23 (3).

R. F. Elore. 1978. *Organizational Modes of Social Program Implementation.* Public Policy, Vol. 26, No. 2, Spring, 293.

Robst J. 2001. *Cost Efficiency in Public higher Education institutions.* Journal Higher Education, 72 (6) (November/December).

Romer P. M. 1986. *Increasing returns and long - run growth.* Journal of Political Economy, 94.

Rothstein J., Rouse C. E. 2007. *Constrained after college: student loans and early career Occupation choices.* Paper presented at Stanford University, April.

Roy A. D. 1951. *Some thoughts on the distribution of earnings.* Oxford Economic Papers, 3 (1).

Sandra Taylor, Fazal Rizivi, Bob Lingard and Miriam Henry. 1997. *Educational Policy and Polictics of Change.* London: 11 New Fetter Lane London EC4P 4EE.

Schultz T. 1963. *The Economic Value of Education.* New York: Columbia University Press.

Simon Marginson. 1997. *Markets in Education.* Ausltralia: 9 Atchison Street St Leonards NSW 2065.

Singell, L. D. *Come and stay a while: does Financial aid affect Retention Conditioned on Enrollment at a large Public universify?* Economics of Education Review, 2004 (5).

Stephens M. 1992. *Economics of higher education*, Clark B. R., Neave G. The encyclopedia of higher education. Pergamon Press Ltd.

St. John, E. P. 1989. *The Involving Influence of Student Financial Aid on Persistence*. Journal of Students Financial Aid, 19 (3).

St. John, E. P. 1990. Price Response in Enrollment Decisions; An Analysis of the High School and Beyond Sophomore Cohort, Research in High Education, 31 (2, 161—176).

St. John, E. P. And Starkey, J. B. 1995. *An Alternative to Net Price: Assessing the Influence of Prices and Subsidies on Within - Year Persistence*. Journal of Higher Education, 66 (2).

Thobani M. 1983. *Efficiency and equity Implications of user Charges in social Sector services*. Washington, D. C. : World Bank [Staff Working Paper]: 572.

Weatherby J. L. 1971. *A note on Administrative Behavior and public policy*. Public Choice, September, 11 (1).

Winkler D R. 1990. *higher Education in Latin America: issues of Efficiency and equity*. Washington, D. C. : The World Bank [Discussion Papers].

Woodhall, M. 1995. *Student loans*, Carnoy M. International encyclopedia of economics of education. 2ed edition. UK: Cambridge University Press.

Woodhall, M. 1990. *Student Loans in Higher Education 1: Western Europe and USA*. Paris: International Institute for Educational Planning.

Xu, G. . X. *Chinese college student aid policy: A case study of H University.* Teacher Education Research, 2008 (2).

Ziderman, A. and Albrecht D. 1995. *Financing universities in developing countries.* The Falmer Press.

Ziderman, A. 2002. *Alternative Objectives of National student loan schemes: implications for design, Evaluation and policy.* Welsh Journal of Education, July, Israel.

Ziderman, A. and Albrecht. D. 1995. Financing Universities in Developing Countries. Washington. DC: The Falmer Press.

后 记

教育财政是我2005年考入北京大学教育学院攻读教育经济与管理专业博士研究生之后才开始接触的一个崭新研究领域。我始终坚信，其中少数民族教育财政研究课题确实具有重要的理论价值与现实意义，它应成为我国教育财政理论未来发展的关注方向之一。教育财政的理论研究，必须进入实证的层面，否则很难获得理论的突破和进展。我深知自己的学术素养及研究能力的局限，对自己所撰写的任何东西都始终保持着审视与批判的态度。面对已经完稿的这篇博士文，我感觉很多问题的研究与探讨并没有达到自己的预期目标，尤其对于教育财政相关理论研究的现状没有来得及进行一次全面的梳理、评价和检讨，这是一个很大的遗憾。我期待着专家和老师们的批评和建议。

本书是在笔者博士论文的基础上修改完成的，在此要特别感谢导师王蓉教授，她热诚地把我引领进教育财政的研究领域。自入门之日起，恩师那严谨求实的治学态度、一丝不苟的钻研精神、豁达开朗的性情品格、宽容友善的待人方式，时刻感染着我，可以说，是导师用自己的学术品格和学术情怀让我真正领略了学术职业的神圣与高贵。在博士论文的写作过程中，无论是从论文选题的确立到论文的结构安排，还是从论文观点推敲到论文的文辞运用，无不倾注了导师大量的心血。师从王老师是我人生的一大幸事。"谁言寸草心，报得三春晖。"再次深深感谢我的导师！

　　能够来到中国顶尖大学——北京大学教育学院攻读博士学位，我感到非常幸运，一直都很珍惜这个难得的学习机会；闵维方教授、杨河教授、张维迎教授、刘伟教授、李强教授、梁柱教授和清华大学的谢维和教授等的大家风范至今仍历历在目。我更是感到荣幸，入学时曾聆听原教育学院常务副院长陈学飞教授的教诲："你进了北大，一定要打上北大的烙印，承载和传递北大的文化。"陈老师的一席话，让我刻骨铭心，在北大攻读博士学位期间不仅是一个相对完整的受教育的过程，而且是一个系统的严格和严谨的学术训练的过程。这就是北大的品牌、北大的烙印。我以北大为自豪，并以此作为我今后从事学术研究的准绳。

　　衷心感谢导师组的丁小浩教授、李文利教授、阎凤桥教授、岳昌君教授、陈晓宇教授、鲍威副教授六年多来对我的关心、指导和培养，从综合考试到开题报告对我的论文的形成过程给予了睿智的点拨；感谢为我们上过课的所有老师，尤其是陈洪捷教授、陈向明教授、文东茅教授、施晓光教授、马万华教授、郭建如教授，他（她）们严谨的治学态度、谦和的为人方式，使我受益匪浅；感谢教育学院侯华伟、徐末欣两位老师在学习期间对我的支持和帮助。感谢北京大学中国教育财政科学研究所的刘明兴、魏建国、宋映泉、孙华敏和周娟等老师曾给予过的关心和帮助；感谢师妹金鑫博士在文稿的形成和数据分析等方面付诸的大量的劳动。

　　"问渠那得清如许，为有源头活水来。"学术交流是保持学术研究生命力的"源头活水"。中南民族大学为我的研究、学习提供了国际学术交流的机会。2011年10月，我有幸到世界顶尖大学——美国哈佛大学进行学术访问，教育学院副院长达芙妮

(Daphne N. Layton）教授为我在哈佛的交流学习提供了大力支持和帮助，并提供了查阅外文资料的一切方便；经济学系的陈默博士、杜洋博士和社会学系的郭茂灿博士给予了方法论方面的建议，并在平时的问题讨论中不断带给我新的启发，拓展了我的研究视野，加深了我对西方经济政策和社会政策研究范式的认识和理解，使我受到很多富有教益的启发。

在本书写作过程中，教育部民族教育司何光彩副司长，国家民委教科司的王丽萍处长、丁文杰老师，中南民族大学学工处大学生资助中心、教务处、招生与就业处等为本研究提供了大量的调查数据和管理数据。中南财经政法大学李锐博士和中南民族大学柳劲松博士对本书的数据录入、资料整理做了大量的卓有成效的工作。在此向他们表示衷心的感谢。

在博士论文答辩过程中，我还要感谢北京师范大学的刘复兴教授、中央民族大学的滕星教授等学术前辈提出的宝贵意见。华中师范大学董泽芳教授对我博士研究工作及生活上给予了无私的关心、帮助和指导。

最后，我要向家人道一声感谢。没有妻子袁素萍和女儿王蒙的支持、鼓励与"监督"，本书的写作不会进展得这么顺利。尤其要感谢我父母的养育之恩，不幸的是，在我攻读硕士学位期间，母亲因病与世长辞，又在我攻读博士学位期间，父亲也因病永远地离开了我们生活的世界，虽然他们已分别到了"天堂"，但是作为儿子的我因不能为父母尽孝的愧疚却一直难以释怀。以此书为礼，献给父母和家人。

王世忠
2012年7月于北京大学蔚秀园